연극놀이 100

한 권에 쏙쏙 골라 담은
교육연극 놀이백과

연극 놀이 100

유지훈·이광용·이윤미 글
문다정·양지현 그림

학교
도서관
저널

추천의 글

우리는 참으로 바쁘고 역동적이며, 때로는 위태로운 뉴스로 가득한 시대를 살고 있습니다. 특히나 세계에서 둘째가라면 서러울 교육열은 우리를 단시간에 선진국 반열로 올려놓았지만, 한편으로는 과도한 사교육과 선행학습, 무분별한 경쟁이라는 부작용을 낳기도 했습니다. 언제부터인가 우리 주변에서 아이들이 노는 소리와 웃는 소리를 듣기 힘들어졌습니다. 교실과 운동장에서 땀을 뻘뻘 흘리며 뛰어노는 아이들을 찾기 어렵습니다. 여럿이 어울려 놀지도 않고, 노는 방법도 모르는 아이들이 점점 늘어납니다.

그렇게 우리 아이들이 '금쪽이'가 되어갑니다. 스마트폰과 SNS로 대변되는 현대 문명의 이기가 아이들에게까지 침투한 지 오래고, 팬데믹으로 생긴 3년 가까운 공백은 우리 아이들의 활발한 소통과 자유로운 표현의 신장을 퇴보시켰습니다. 친구끼리의 스킨십도 줄어들고, 작은 갈등도 해소하지 못하며, 중요한 선택도 스스로 하지 못합니다. 그래서 지금의 아이들은 현실 속 친구와 '접촉'하는 대신, 개인 스마트기기를 통해 온라인 세상과 '접속'하는 데에 더 몰두하는지도 모릅니다. 인간은 태생적으로 '놀이하는 존재'라는 하위징아Johan Huizinga의 말은 여전히 유효할까요? 오늘날 우리 아이들이 '놀이성'을 되찾도록 도울 수 있을까요?

이 책은 스마트폰과 유튜브, 게임과 SNS에 잠식되어가는 우리 아이들의 '놀이성'을 일깨우고, 그들 속에 잠재한 '연극성'을 되살리는 데에 도움이 될 다양한 연극놀이들을 소개하고 있습니다.

연극놀이를 통해

아이들의 닫힌 마음이 열리고,

스마트폰 대신 서로의 눈을 보고,

온라인 메시지가 아닌 나의 몸과 소리로 표현하며,

저마다의 감각과 정서에 귀 기울이는 다양한 놀이와 활동으로

황폐해지는 우리 교실에 새로운 활기와 꾸밈없는 웃음이 넘쳐나기를 기원합니다.

김병주 서울교육대학교 교육전문대학원 교육연극전공 교수

들어가며

"선생님! 연극놀이 또 언제 해요?"

지난주에도 한 학생이 기대에 가득 찬 표정으로 말했습니다. 선생님마다 학급에서 꾸준히 진행하는 특색 있는 활동이 있습니다. 어떤 반은 독서, 어떤 반은 코딩…. 저는 몇 학년 담임을 맡던 연극놀이를 합니다. 그래서 학생들은 저를 '연극하는 선생님'이라고 부릅니다.

연극이라는 단어는 참 재밌습니다. 여러분은 연극이라는 단어를 들으면 어떤 이미지가 떠오르시나요? 혹시 공연장에 앉아 배우의 연기를 보는 모습이 떠오르진 않으시나요? 연극을 국어사전에서 검색하면 '무대 예술'이라는 설명이 가장 처음 나옵니다. 그런데 영어사전에서 검색하면 'play'라는 단어가 제일 앞에 나옵니다. 연극을 무대 예술로 접근하는 것과 놀이로 접근하는 것. 둘 사이에는 너무나도 큰 간극이 있습니다.

세대에 상관없이 모두 어린 시절 소꿉놀이를 합니다. "나는 아빠, 너는 엄마 그리고 이곳은 집이야." 누가 정해준 역할이나 대본이 없어도 아이들은 삼삼오오 모여서 이런 역할극을 즐깁니다. 여럿이 모여 상상의 세계를 구현하는 것, 그것은 인간의 본능이기 때문입니다. 만약 연극의 기원을 찾는다면 아주 오래전 스마트폰도, 컴퓨터도, TV도 없던 선사시대에 사람들끼리 모여서 춤추고, 대화하는 데에서 시작했으리라 생각합니다.

매 학년을 마무리할 때쯤 학생들에게 묻습니다. "선생님과 연극 활동을 많이 했는데, 좋았던 점이나 느낀 점이 있다면 말해주세요." 신기하게도 학생들이 공통적으로 말하는 것들이 있습니다. '친구들, 그리고 선생님과 친해진다', '표현력이 좋아지고 발표에 자신감이 생겼다', '몸을 사용하는 게 재밌다.' 각각의 말은 오늘날 우리에게 연극이 왜 필요한지 시사하는 바가 큽니다. 타인에게 관심 없고 관용이 없어지는 사회, 인터넷 세상에 물들어 현실에서 주체성을 발휘하지 못하는 사람들, 키패드로만 소통하려는 문화. 연극은 우리 사회에, 특히나 자라나는 학생들에게 너무나도 필요한 활동입니다.

많은 사람이 쉽고 간단하게 연극을 즐기면 좋겠다는 생각에서 이 책을 쓰기 시작했습니다. 요즘 학교에서는 놀이의 교육적 의미에 공감하여 많은 선생님이 다양한 방식으로 수업에 놀이를 적용하고 있습니다. 그런데 '연극놀이'는 연극이라는 단어가 주는 선입견 때문인지 실행에 부담을 느낍니다. '너무 소란스럽진 않을까?', '준비할 게 많지는 않을까?', '전문가만 할 수 있는 게 아닐까?'

저는 연극놀이를 한 번'도' 안 하는 사람은 있어도, 한 번'만' 하는 사람은 없다고 생각합니다. 한번 해보면 참여자들끼리 다양하게 소통하는 매력에 푹 빠지기 때문입니다. 책의 앞부분에는 교육연극 중에서도 연극놀이가 무엇인지, 다른 놀이와 어떻게 다른지를 알아보고 연극놀이를 진행할 때 알아두면 좋은 노하우를 실었습니다. 뒤로는 연극놀이 100가지를 제시하였는데, 수 제닝스Sue Jennings의 EPR 단계를 참고하여 4가지 범주로 25개씩 나누었습니다. 놀이마다 독자들이 쉽게 이해할 수 있도록, 놀이 장면을 한눈에 담은 삽화와 놀이 과정을 4단계로 나눈 만화를 실었고, 놀이에 필요한 도움 자료와 실제 활동 영상도 함께 실어서 책을 보고 바로 실행하는 데에 어렵지 않도록 했습니다.

연극놀이에 관한 책을 출간하면 좋겠다는 생각을 하고, 책이 세상에 나오기까지 고마운

분들이 많습니다. 공저자로서 연극놀이 100가지를 구성하고, 간결하면서도 확실한 메시지를 전달하기 위해 많은 회의와 원고 작업에 함께 매진한 이광용 선생님과 이윤미 예술교육가님께 감사드립니다. 책의 중요한 특색인, 한눈에 보이는 삽화와 4컷 만화를 그리신 문다정 선생님과 양지현 선생님께도 감사한 마음을 전합니다. 마지막으로 3명의 저자가 이렇게 전문성을 갖추는 데에 도움을 주신 김병주 교수님과, 연극놀이의 가치에 공감하고 출판까지 함께한 학교도서관저널 관계자분들께도 진심으로 감사드립니다.

연극이 가치 있다고 생각하시나요? 우리가 연극을 통해 성장할 수 있다고 생각하시나요? 간단하면서도 무한한 확장성을 지닌, 어디서나 누구나 즐길 수 있는 연극놀이가 이 질문의 답이 되길 바랍니다.

새해를 맞이하며
저자들을 대표하여
유지훈 씀

차례

들어가며　　　　　　　　　　7
PART 0　**연극놀이가 뭘까?**　　14

PART 1　감각

01 내가 들은 소리는?　　36
02 달라진 점 찾기　　38
03 대장 원숭이 찾기　　40
04 무지개를 찾아라!　　42
05 발가락을 믿어봐　　44
06 버스 운전사　　46
07 비행기와 관제탑　　48
08 살금살금 후다닥　　50
09 색을 닮은 몸짓　　52
10 색을 이은 그림　　54
11 소리 꽃이 피었습니다　　56
12 소리 오케스트라　　58
13 소리 탐정　　60

14 손끝을 느껴요　　62
15 손의 주인을 찾아라!　　64
16 어떤 눈일까?　　66
17 여기 맞지?　　68
18 유령 열차　　70
19 음벨레　　72
20 조각상 복제하기　　74
21 죽음의 동그라미　　76
22 촉감 화가　　78
23 폴리 아티스트　　80
24 한밤의 결투　　82
25 함께 그린 몽타주　　84

PART 2 체현

26 거울과 사람	88	
27 계란프라이	90	
28 고기잡이	92	
29 곰과 나무꾼	94	
30 너 이렇게 흔들 수 있어?	96	
31 높낮이 바꾸기	98	
32 대감과 노비	100	
33 독수리와 원숭이	102	
34 따로 또 같이	104	
35 박수 전달하기	106	
36 비빔밥	108	
37 사람과 사람	110	
38 사운드 인터랙션	112	
39 상어가 나타났다!	114	
40 선들의 움직임	116	
41 신체 엘리베이터	118	
42 신호등	120	
43 우리는 곡예사	122	
44 웃겨라, 장풍 대작전	124	
45 으악! 날 구해줘!	126	
46 의자 지키기	128	
47 이름 술래잡기	130	
48 최면술사	132	
49 풍선 인형	134	
50 N극과 S극	136	

PART3 투사

51 ○○○꽃이 피었습니다!	140	**64** 신기한 공	166
52 감정분석가	142	**65** 신문지 인형 만들기	168
53 공통분모	144	**66** 오늘은 내가 요리사	170
54 그림자 인형	146	**67** 요술 지팡이	172
55 그림자 조각상	148	**68** 요즘 나는! 요즘 너는?	174
56 나는 누구입니까?	150	**69** 우리 행성에서는	176
57 날 담은 몸짓	152	**70** 조각상 전시회	178
58 내 이름 속의 나	154	**71** 종이로 표현하는 나	180
59 몸-글 릴레이	156	**72** 즐겁게 춤을 추다가	182
60 박스로 만드는 세상	158	**73** 택배 왔어요	184
61 살아있는 신문지	160	**74** 토이 스토리	186
62 상상의 껌 씹기	162	**75** 톤으로 말해요	188
63 생각 테이핑	164		

PART 4 역할

76 ○○○으로 가자! 192
77 ○○이의 못다 쓴 일기 194
78 같은 그림, 다른 이야기 196
79 내 말 좀 들어봐 198
80 내가 꿈에서 200
81 너 지금 뭐하니? 202
82 다양한 안녕하세요 204
83 뒤죽박죽 장면 만들기 206
84 똑똑똑 208
85 릴레이 장소 표현하기 210
86 명화 속 사람들 212
87 백업제 팬터마임 214
88 보여주세요 216

89 사연의 주인공은? 218
90 상황을 바꿔라! 220
91 수상한 대화 222
92 숫자로 말하기 224
93 여기 ○○○이 있어요! 226
94 우리 마을 사람들 228
95 인물의 24시간 230
96 일어나세요 232
97 장소 조각상 234
98 조각상 이어달리기 236
99 진실 혹은 거짓 238
100 특종입니다! 240

참고자료 242

PART 0
연극놀이가 뭘까?

연극놀이가 다른 범주의 놀이와 다른 점은 단연 '연극'이라는 매체를 기반으로 한다는 점입니다. 여기서 '연극'은 무언가를 바꾸고, 새로운 것을 창작하려는 인간의 연극성에 기반한 모든 행위를 말합니다. 그런 의미에서 연극놀이는 우리의 연극성을 마음껏 펼치는 다양한 방식의 놀이이기도 합니다. 아우르는 범주가 넓은 만큼, 일상에서 누구나 쉽게 연극놀이를 즐길 수 있습니다.

일상에서의 연극

"인생은 가까이서 보면 비극이지만 멀리서 보면 희극이다."
너무나 유명한 찰리 채플린의 이 말은 인생을 극으로 본다는 점에서 '테아트룸 문디 Theatrum mundi'•와 공통점이 있다. 우리는 하루에도 몇 번이나 다양한 역할을 맡으며 살아간다. 집에서는 아내/남편이자 엄마/아빠, 직장에서는 각종 직급 및 직책, 친한 친구들의 모임에서는 막역한 대화 상대처럼 그 종류는 매우 많다. '나'라는 사람은 변하지 않지만 '나에게 요구되는 모습' 혹은 '내가 표출할 모습'은 상황에 따라 변하며, 우리는 주위 환경에 자신을 조율하며 살아간다. 그러므로 우리의 삶은 역할이 바뀌는 짧은 극의 연속이라 볼 수 있다.

하지만 사람들 대부분은 연극이라고 하면 배우, 극본, 공연 관람, 무대를 떠올린다. 이는 공연을 바라보는 '관객의 시각'에서 떠올린 단어들이다. 이상하지 않은가? 우리는 삶 속에서 수많은 역할을 맡아 나만의 즉흥극을 펼치면서도, 정작 머릿속에서는 너무나 공연 위주의 전문적인 연극을 떠올린다. 이런 간극이 발생하는 이유는 우리가 알게 모르게 그동안 연극을 무대 예술이라는 전문적인 개념으로 생각하고, 관람하는 대상으로만 취급했기 때문이다. 그렇다면 연극은 정말로 무대 예술이자 관람하는 대상이기만 한 것일까? 사전에서는 연극을 이렇게 정의한다.

• 바로크 시대에 유행한 인생을 연극에 비유하는 세계관으로 '세계는 하나의 무대'라는 의미이다.

1. 배우가 각본에 따라 어떤 사건이나 인물을 말과 동작으로 관객에게 보여주는 무대 예술

2. 남을 속이기 위하여 꾸며 낸 말이나 행동

첫 번째 정의는 우리가 흔히 생각하는 연극으로, 고대 그리스에서부터 시작되었다.● 두 번째 정의는 우리 삶 속에서 벌어지는 '일상에서의 연극'이라 할 수 있다. '남을 속이기 위해서'라는 표현에 거부감이 들 수 있지만, 이를 '진짜처럼 보이기 위해서'라고 해석한다면 연극은 우리의 삶 속에서 말하기, 글쓰기, 그리기, 춤추기와 같이 실재하지 않는 관념, 생각 등을 구현하는 모든 활동을 포함할 수 있다. 이런 넓은 의미의 연극은 원시시대에 소리와 몸짓 언어로 의사소통한 여러 행위가 그 기원으로, 무대 예술의 연극보다 훨씬 앞서 발생했다고 볼 수 있다.

● 고대 그리스 연극은 기원전 6세기경, 디오니소스 신을 기리는 축제 디오니시아의 종교적 의식에서 시작되었으며, 이것이 점차 발전하여 연극이라는 예술 형식으로 자리 잡았다.

나와 세상을 바꾸고 싶은 본능, 연극성

그렇다면 사람들이 이렇게 오래전부터 연극이란 행위를 한 이유는 무엇일까? 무대 예술의 연극으로 보면 인간의 감정과 이야기를 표현하고 사회에 전달하고자 하는 욕구가 발현된 것이고, 일상에서의 연극으로 보면 남을 속이기 위해, 혹은 진짜처럼 보이기 위해 '가장하는 행위' 자체가 즐겁기 때문이다.

니콜라이 예브레이노프 Nikolai Evreinov●●는 인간이 태어날 때부

●● 19세기 후반부터 20세기 중반에 활동한 러시아의 극작가 겸 연출가, 연극이론가. 문학·회화·음악·철학 등 다방면에 재능을 지닌 사람으로, 특히 연극 분야에서 천재성을 발휘하여 이색적인 희곡을 쓰고, 개성 있는 연출을 하였다.

터 자신과 세상을 바꾸고 싶어 하는 연극적 본능과 그것에 기초한 '연극성'을 지녔다고 한다. 그리고 이러한 본능을 해소할 수 있는 가장 적합한 형식이 연극이라고 주장했다. 이는 연극이 극장 안 무대 예술에 갇혀 있지 않고, 연극성을 발현할 수 있는 일상의 다양한 활동을 전부 아우를 수 있다는 점을 시사한다.

'연극성'에 기초한 일상에서의 연극은 주위에서 쉽게 살펴볼 수 있다. 어린 학생일수록 '인물이나 동물 모방하기', '블록이나 종이로 새로운 구체물 만들기', '여럿이 역할극 하기'와 같이 신체, 사물, 상황 등을 바꾸어 새롭게 표현하는 것을 즐긴다. 성인들은 드라마, 영화, 뮤지컬 공연 등을 보며 배우의 연기를 통해서든, 감독이나 작가의 연출을 통해서든 현실과는 다른 세상을 보면서 대리 만족을 느끼기도 한다. 혹은 여행을 떠나 새로운 풍경, 문화를 접하며 자신의 일상과는 다른 삶을 살며 영감을 얻곤 한다. 이처럼 인간은 남녀노소 구분 없이 항상 다름을 만들고, 그것을 만끽하려는 존재라 할 수 있다.

연극성을 자극하는 연극놀이

그렇다면 연극놀이는 대체 무엇일까? 일반적으로 '연극놀이'라는 단어를 들으면 누군가가 어떤 역할을 실감 나게 표현하는 것을 떠올리곤 한다. 앞서 살펴보았듯이 연극이라는 단어로 인해 연상되는 무대 예술의 이미지가 너무나 강하기 때문이다. 그렇다면 참여자가 역할을 표현하기만 해도 연극놀이라 할 수 있을까? 사실 연극놀이에 대한 정의가 전문가들 사이에서도 분분할 뿐더러 리더마다 다양하게 진행하는 연극놀이를 보고 있으면 저 활동이 단순한 레크리에이션인지, 교실놀이인지, 놀이체육인지 헷갈릴 때도 있다.

연극놀이가 무엇인지 알기 위해선 2010년대 이후 학교에 널리 퍼진 교실놀이, 놀이체육이 연극놀이와 어떻게 다른지 확인할 필요가 있다. 교실놀이는 교실에서 교사에 의해 제공되는 놀이의 한 형태로, 놀이의 교육적 가치를 적극적으로 활용한 개입 전략이다. 따라서 교실놀이는 교실이라는 '공간' 안에서 이뤄지는 수많은 활동을 아우르는, 범주가 상당히 넓은 개념이라고 볼 수 있다. 한편 놀이체육은 학교 체육이 학생들에게 즐거움을 주고, 스트레스 해소에 도움을 주어야 한다는 생각에서 시작하여 교사가 즉흥적, 유희 중심적, 보상용 수업으로 활용하는 활동이다. 따라서 놀이체육은 학생들의 체육 흥미를 높이기 위해 놀이를 수단으로 가져온 형태라 할 수 있다.

연극놀이가 다른 범주의 놀이와 다른 점은 단연 '연극'이라는 매체를 기반으로 한다는 점이다. 다만 중요한 점은, 여기서 말하는 연극이 '다름'을 만들고 느끼는 '일상 속 연극'이란 점이며, 연극놀이는 이런 일상 속 연극을 놀이 형태로 체험하는 것이다. 그러므로 연극놀이의 목적은 무언가를 재창조하고 변화를 주려는 인간의 연극성을 자극하는 것이라 할 수 있다.

연극놀이의 매력: 모방, 상상, 즉흥

그럼 연극놀이만의 매력은 무엇일까? 연극놀이의 가장 큰 매력은 존재하지 않는 것, 즉 가짜를 표현하기 위해 삶을 '모방Mimesis'하는 것이다.• 자칫 모방이라고 하면 성대모사나 특정인의 동작을 따라 하는 것을 떠올릴 텐데, 이것은 모방이 아니라 '흉내 내기'에 가깝다. 모방은 굉장히 고차원적이고 창의적인 활동으로, 삶을 모방한다는 것은 내 경험을 표현하되, 그 안에서 느낀 감정과 생각을 종합적으로 재해석하여 표현하는 것이다.•• 그리고 이런 모방 표현을 바라보는 사람들 역시 자신의 비슷한 경험을 떠올리며 공감하고, 생각을 확장한다. 대부분의 연극놀이는 이런 모방의 과정을 거친다.

예를 들어 간단한 연극놀이로, 장면 카드를 주고 여럿이 조각상이 되어 장면을 표현하는 활동이 있다. 어떤 모둠이 '캠핑장'을 표현해야 한다면, 각자 자신의 경험을 떠올리며 캠핑장과 관련된 기억을 탐색할 것이다. 이어서 모둠원과 경험을 공유하고 새롭게 조합하여 '내가 관찰한 것들을 반영한, 그렇지만 실제로 존재하지 않는' 캠핑장을 표현한다. 지켜보는 사람들은 이 캠핑장이 가짜란 것을 알지만, 자기 기억 속 여러 캠핑장의 이미지와 비교하며 놀이하는 순간에는 진짜 캠핑장인 것처럼 받아들인다.

연극놀이의 또 다른 매력은 참여자의 상상력을 끊임없이 자극한다는 것이다. 연극성의 발현을 즐기는 참여자는 마치 발명가처럼 어떤 현상을 새롭게 바라보고, 다양한 표현으로 변주하

• 플라톤은 절대 불변의 실체이자 진리인 이데아를 설정하고, 이 이데아의 그림자가 우리의 현실세계라고 보았다. 그러므로 현실세계를 모방하고 흉내 낸 연극은 진리로부터 먼 허구라고 보았다. 아리스토텔레스는 연극이 행동하는 인간을 모방하는 예술로서 연극을 보는 관객이 공포와 연민을 느끼면서 도덕적 정화를 한다고 보았다.

•• 코스티 Virginia Koste는 모방이란 복잡한 과정으로 주변 세계와 내면세계를 선택적으로 관찰하며, 거기서 흡수한 정보들을 다시 뒤섞고 해석하여 새로운 배열로 재창조하는 행위라 말했다.

고, 새로운 생각을 더하며 끊임없이 상상하곤 한다. 새로운 즉흥 상황을 만들기 위해 기존의 조각상으로 된 표현을 색다르게 바라보거나, 손으로 느낀 촉감을 그림이라는 시각적 이미지로 전환하거나, 의자에 앉아 있는 사람이 일어나게끔 새로운 상황을 더하는 등 상상은 연극놀이 전반에 스며들어 있다.

마지막으로 연극놀이가 즉흥적인 활동이란 것도 매력적인 점이다. 연극놀이는 멋진 무대와 준비된 배우들이 펼치는 '준비된 무대 예술'이 아니다. 일상 속에서 '누구나 경험하는 삶의 연극'을 놀이 형태로 만든 것이다. 연극놀이 속 참여자에게 외워야 할 대본이나 고정된 순서 혹은 역할 같은 건 없으며, 참여자는 리더의 안내에 따라 편안히 놀이에 바로 참여하면 된다. 따라서 같은 연극놀이를 여러 곳에서 다양한 대상과 진행하면 참여자의 표현이 항상 다르게 나타나는데, 그런 즉흥 표현이 앞서 언급한 개인의 상상과 모방의 결과물이라 할 수 있다.

연극놀이의 4가지 범주: 감각, 체현, 투사, 역할

연극놀이는 관점에 따라 간단한 게임 형태의 활동부터 긴 흐름의 연극 만들기까지 범위가 상당히 넓은 개념이다. 이 책에서는 누구나 쉽게 실행하여 많은 사람이 연극놀이를 접할 수 있도록 간단한 게임 형태의 활동만 다룬다.

수 제닝스가 말한 EPR 단계•에 따르면, '체현'에서는 자기 몸

● 인간에게 출생부터 7세까지 극적 발달 단계가 있다는 패러다임. 몸으로 자신과 세계를 탐구하는 체현Embodiment, 자신을 생각과 감정을 외부 대상에 투영하는 투사Projection, 역할을 맡아 상호작용하는 역할Role의 첫 글자를 따서 EPR이라 부른다. 사실 연극성은 모두의 본능이기 때문에, 나이와 관계없이 연극성의 즐거움을 느끼려는 모두에게 적용될 수 있다.

의 감각과 움직임에 집중하여 자신을 온전히 이해할 수 있고, 이를 통해 자신의 기본적인 자아의식을 형성한다. 이후 '투사'에서는 자기 몸이 아닌 다른 대상에 관심사나 감정, 생각 등을 이입하여 이야기를 만들고 외부로 관심이 확장된다. 마지막으로 '역할'에서는 다양한 인물을 연기하면서 타인과 세상을 이해하고 공감하게 된다.

여기서 체현은 '감각/신체놀이'라고도 불리는데, 이 책에서는 체현과 관련된 놀이 중, 신체 감각에 집중하여 자기 몸을 새롭게 느끼는 활동을 따로 분류하여 '감각'으로 정리했다. 그리하여 4가지 범주(감각, 체현, 투사, 역할)의 연극놀이를 각각 25개씩, 총 100개를 제시한다.

학교에서 빛나는 연극놀이 활용 시기와 방법

・학기 초: 긍정적 학급 분위기 형성

학기 초는 학생들이 서로를 알아가며 학급 분위기를 형성하는 중요한 시기이다. 이때 연극놀이가 아주 효과적이다. 반 친구들의 이름을 빠르게 외우는 '이름 술래잡기(p.130)'나 색다르게 자신을 소개하는 '종이로 표현하는 나(p.180)', 가벼운 스킨십으로 친밀감을 높이는 '손의 주인을 찾아라!(p.64)' 같은 놀이는 학생들 간의 어색함을 자연스럽게 해소하며 학급 분위기를 따뜻하게 만들 수 있다. 또 협동심을 발휘하는 '의자 지키기(p.128)'나 서로 부둥켜안아 원 마커 위에 올라가는 '상어가 나타났다!(p.114)' 같은 놀이는 학급에서 협력하는 것이 중요하다는 메시지를 간단하면서도 즐겁게 전달할 수 있다.

- **교과 수업: 동기 유발 및 몰입 촉진**

  연극놀이의 개별적인 특징을 살려 교과 학습 내용과 연결하면 학생들의 참여와 흥미를 높일 수 있다. '택배 왔어요(p.184)'나 '우리 행성에서는(p.176)' 같은 놀이는 국어 시간에 단어나 문장을 몸짓으로 표현하여 비언어적·준언어적 표현을 익힐 때 효과적이며, 다양한 감정을 살펴보는 수업에서는 '감정분석가(p.142)' 같은 놀이를 통해 학생들이 감정 표현을 직접 시연하도록 도울 수 있다. 또 사회, 도덕, 영어 교과에서 역할극이 자주 활용되는 만큼, '○○이의 못다 쓴 일기(p.194)'나 '명화 속 사람들(p.212)' 같은 놀이를 교과 수업 내용이 들어가게 조금만 변형하면 재미와 교육적 의미를 모두 취하는 수업 활동이 될 수 있다.

- **창의적 체험활동 수업: 자율성과 창의력의 융합**

  창의적 체험활동은 교과 수업에 비해 자율성이 높아, 다양한 방식으로 연극놀이를 진행할 수 있다. 예를 들어 '친구 사랑 주간', '어울림 주간'이 배정되었을 때 연극놀이를 진행하면, 강의식 수업보다 확실하게 학급의 공동체 역량을 기를 수 있다.

또 연극놀이나 교육연극 동아리 부서를 통해 1년 동안 정기적으로 연극놀이를 진행하면, 학생들의 사회적 기술, 의사소통 능력, 창의력에 기반한 연극성을 크게 길러주고 학생들에게 다채로운 경험을 선사할 수 있다.

- **자투리 시간: 학급 및 교사의 특색 및 학생 정서 지원**

아침 활동 시간, 수업 중 남는 시간, 학기 말 또는 정기시험(중간·기말고사) 이후 등 교사가 자율적으로 활용할 수 있는 시간에 연극놀이를 진행하면 해당 학급 혹은 교사만의 특색이 될 수 있다. 자투리 시간에 연극놀이를 진행하면, 학급 구성원 간의 긍정적인 관계 형성에 효과적이고 학습에 대한 내적 동기가 향상되어 수업에 더 적극적으로 참여하게 된다. 중·고등학생의 경우 학업 스트레스와 또래 관계로 인해 정서적 어려움을 겪는 경우가 많은데, 자투리 시간을 활용한 연극놀이는 이런 문제를 완화하는 데에 도움이 된다. 자기 내면의 감정과 고민을 즉흥 표현으로 드러내거나 일상에서 느끼는 답답함을 연극놀이에 반영해 유희적으로 해소하거나 건강한 해결 방안을 함께 탐색해볼 수 있다.

연극놀이가 만드는 전인적 성장의 장

• **참여자 간의 관계성 향상**

연극놀이는 협동과 소통을 기반으로 이뤄지므로 꾸준히 진행하면 참여자 간의 관계성이 눈에 띄게 향상된다. 특히, 역할극이나 즉흥극과 같은 활동에서는 참여자들이 자연스럽게 서로 의지하고 협력하게 된다. 예를 들어, 생소한 재료로 다양한 사물과 상황을 만드는 '박스로 만드는 세상(p.158)'이나 무작위로 뽑은 단어 카드에 어울리는 극을 함께 만드는 '뒤죽박죽 장면 만들기(p.206)' 같은 놀이는 참여자들이 협력을 통해 특정 목표를 달성하면서 공동의 성취감을 느끼게 한다. 이러한 과정을 반복적으로 경험하면 서로 간의 신뢰와 유대가 돈독해지고, 그룹 내 소외감을 느끼는 참여자도 자연스럽게 다른 참여자와 융화하여 소속감을 형성할 수 있다.

• **의사소통 능력 및 표현력 향상**

연극놀이는 기본적으로 개인의 다양한 신체(몸짓, 표정, 억양, 말 등)를 매개로 삼아 의미를 전달하는 과정이다. 그래서 참여자들은 다양한 언어적·비언어적·준언어적 의사소통을 놀이로 체험하며 의사소통 능력이 향상된다. 또한 참여자들은 연극놀이를 통해 즐겁고 허용적인 분위기 속에서 자신의 감정이나 생각을 정리하고 여러 사람 앞에서 발표하게 되는데, 이러한 경험은 표현력 향상으로 이어지며, 이는 연극놀이 안에서 그치지 않고, 발표나 토론과 같은 학습 활동 및 사회적 관계에서도 큰 도움이 된다.

• 자신감 향상

참여자들은 나이가 들수록 자신의 생각을 말할 때, 실수나 오답을 두려워해 소극적인 태도를 보이는 경우가 많다. 연극놀이의 표현에는 정답이 없으므로 참여자들은 자신을 있는 그대로 표현하는 자유를 만끽할 수 있다. 다양한 의견과 표현을 존중하며, 긍정적인 피드백을 주고받는 연극놀이를 반복적으로 경험한 참여자는 자신감을 키울 수 있어 학습 과정이나 일상생활에서 도전을 두려워하지 않고 자기 생각을 당당히 표현할 수 있다.

• 창의적인 사고력 증가

연극놀이는 제한된 조건이나 정해진 상황에서 다양한 해결책을 생각해보게끔 유도하는 놀이가 많아 참여자의 창의적인 사고력을 기르는 데에도 적합하다. 즉흥적으로 표현하거나 한 편의 이야기를 만드는 놀이에서 참여자는 새로운 시각으로 문제 상황을 바라보게 된다. 예를 들어, 리더(교사, 모임장)의 제시어를 듣고 그와 어울리는 마임을 이어 만드는 '여기 ○○○이 있어요!(p.226)'나 정해진 3장의 그림을 보고 한 편의 이야기를 만드는 '같은 그림, 다른 이야기(p.196)' 같은 놀이에서 참여자는 자유롭게 아이디어를 제안하고 실현하면서 창의력을 키울 수 있다. 이러한 창의적 사고 연습은 한 번의 놀이에 그치지 않고 학습 능력 향상, 일상의 문제 해결 능력, 창작 활동 등 다양한 영역에 영향을 미친다.

• **공감 능력 향상**

연극놀이에서 참여자는 다양한 역할을 맡으며 그 역할의 감정과 관점을 경험할 수 있는데, 이를 통해 타인의 입장을 이해하는 공감 능력이 향상된다. 전체 참여자가 가상의 인물을 만들어서 그 인물로서 살아보는 '인물의 24시간(p.230)'이나 다양한 인물의 삶을 표현하는 '우리 마을 사람들(p.228)' 같은 놀이는 '내가 아닌 사람'을 표현하며 그 사람의 생각이나 관점을 이해하도록 돕는다. 이러한 경험은 참여자가 실제 삶에서 더 성숙한 공감을 발휘하고 긍정적인 관계를 형성하는 데에 도움을 준다.

• **정서적 안정과 스트레스 해소**

연극놀이는 참여자가 자신의 감정을 표현하고 해소할 수 있는 안전한 환경을 제공하며, 활발한 신체 활동을 포함하기 때문에 참여자의 정서적 안정을 꾀하고 스트레스를 해소하는 데에도 효과적이다. 특히나 참여자가 고학년으로 갈수록 정적으로 지식을 습득하는 시간이 많아지기 때문에, 신체를 움직이며 자신의 내면을 자유롭게 표출하는 연극놀이는 참여자에게 심리적인 해방감을 제공한다. 이렇게 얻어지는 정서적 안정은 학업 수행이나 대인 관계에서도 긍정적인 영향을 미친다.

이처럼 연극놀이를 꾸준히 진행하면 참여자 간의 관계성, 표현력, 자신감, 창의적인 사고력 증진뿐만 아니라 공감 능력, 정서적 안정 및 스트레스 해소 같은 다양한 긍정적 효과를 얻을 수 있다. 이러한 효과들은 단순히 놀이 안에서 그치는 것이 아니라 학습 능력, 대인 관계, 심리적 안정 등 참여자의 삶 전반의 질을 높이는 데에 영향을 미친다. 따라서 지속적인 연극놀이는 단순히 재미를 주는 것 이상의 깊은 교육적 가치를 제공하며, 참여자의 전인적 성장에 중요한 역할을 한다.

진행 노하우

• **규칙, 약속의 중요성을 익히는 연극놀이로 시작한다**

리더와 참여자들의 라포rapport●●가 낮거나, 참여자의 나이가 어리거나, 리더의 연극놀이 실행 경험이 적다면, '규칙'과 '약속'을 지키는 연극놀이를 처음 시작하는 것이 좋다. 연극은 2명 이상의 사람이 모여서 앞으로 펼쳐질 상황이 허구란 것을 알면서도 서로가 진짜라고 믿는 '약속'을 기반으로 하기 때문이다. 간단한 규칙에 맞춰 박수하는 '박수 전달하기(p.106)'나 함께 신호등 색깔 규칙을 정해서 공간을 걸어 다니는 '신호등

●● 교육학에서 말하는 '교사와 학생 사이의 긍정적이고 신뢰하는 관계.' 교사와 학생이 좋은 관계를 맺으면 서로를 잘 이해하고 효과적으로 의사소통할 수 있다.

(p.120)' 같은 놀이가 이에 적합하다. 이런 연극놀이를 진행한 후, 앞으로 이어질 활동에서도 서로 약속한 규칙 안에서 자유롭게 표현하는 것이 중요하다고 안내한다.

- **연극놀이를 통해 함께 얻으려는 바를 상기시킨다**

그럼에도 자기주장이 강한 참여자가 있기 마련이다. 많은 경우에 다툼이 발생하는 원인은 '놀이 규칙' 혹은 '합의된 약속'을 지켰느냐 아니냐에 관한 해석이 달라서이다. "돌아가면서 한 문장씩 말하고 표현하기로 했는데, ○○이가 하기 싫대요", "애들이 제 이야기를 무시하고 마음대로 정한 다음에 말하래요"와 같은 다툼은 협동이 필요한 활동에서 쉽게 마주하는 상황이다.

이런 상황에서는 분쟁이 생긴 참여자 간에 시시비비를 가리는 것보다, 연극놀이를 통해 우리가 함께 얻고자 하는 바를 명확히 이야기해주는 것이 좋다. 우리의 목적은 모두가 즐겁게 놀이를 하는 것이고, 놀이를 즐기려면 모두가 합의한 규칙을 지켜야 한다고 강조한다. 이러한 조언은 다툼에 얽힌 모든 참여자에게 똑같이 전달하는 것이 더 효과적이다. 또한 대개 이런 다툼은 짝이나 모둠이 함께 표현하는 활동에서 자주 발생하는데, 혼자가 아니라 여럿이 조화를 이루며 표현하는 것이 중요하다고 알려줘야 한다.

- **'수용'하는 태도의 중요성을 강조한다.**

'어떻게 하면 더 잘 표현할 수 있을까?'에만 몰두하여 정작 다른 참여자의 표현을 감상하거나 반응하는 데에 별 관심 없는 참여자를 종종 볼 수 있다. 물론 개인이 상상의 나래를 펼치는 것도 중요하지만, 보다 의미 있는 연극놀이가 되려면 서로 생각을 교환하고, 상대의 생각을 적극적으로 수용해야 한다. 이것은 본인이 직접 놀이를 할 때나, 놀이 밖에서 다른 참여자의 표현을 볼 때 모두 적용된다.

만약 연극놀이에서 다른 사람의 표현이나 의견을 고려하지 않고 내가 하고 싶은 것만 고집한다면 놀이가 매끄럽게 이어지지 않고, 내 표현도 다른 사람이 적극적으로 받아들이지 않을 가능성이 높다. 이렇게 되면 상상을 펼치고 소통과 협력을 통해 소속감을 높일 수 있는 연극놀이가 반쪽짜리 활동으로 그칠 수 있다.

또한 모둠별 장면 만들기를 할 때 자기 모둠의 발표 준비에 신경 쓰느라 다른 모둠의 발표에 집중하지 않을 경우, 감상자로서 예의는 차치하더라도 다양한 표현을 보며 사고를 넓힐 기회를 놓치게 된다. 그러므로 연극놀이 리더는 참여자들에게 자기 생각을 전달하는 것만큼이나 상대의 생각을 수용하는 것이 중요하다고 강조해야 한다.

- **표현을 평가하기보다는 인상 깊은 점을 나눈다**

사람들은 나이가 들수록 점점 나서서 표현하기를 꺼린다. 유아들은 노래만 틀어줘도 서로 나서서 춤추느라 바쁜데 초등학교 고학년 학생들 사이에선 노래에 맞춰 춤을 추는 순간, 관심받고 싶어 하는 사람으로 인식된다. 여러 가지 요인이 있겠지만 사람들이 점점 자기를 드러내는 데에 소극적으로 변하는 이유는 타인이 내리는 평가가 두렵고 거기에 상처받기 싫기 때문이다.

유아들은 자신만의 세계에 갇혀 살지만, 청소년은 타인의 시선을 의식하기 때문에 '내가 이렇게 표현하면 놀림받지 않을까?'라는 생각을 먼저 한다. 그러므로 연극놀이 중 다른 사람의 표현을 평가하지 말아야 한다. 연극놀이는 '다름을 만들고 싶은 본능'인 연극성을 표출하는 것이기 때문에 미학적인 관점에서 우열은 의미가 없다. 다른 사람의 표현을 평가하는 발언은 오히려 상대방이 연극성을 발휘하는 데에 걸림돌이 될 수 있으므로 남을 평가하기보다는 표현 중에 인상 깊은 점 혹은 내가 생각하지 못했던 점 등을 나누는 것이 바람직하다.

- **억지로 참여시키지는 않되, 대체할 수 있는 맞춤형 표현 방식을 제안한다**

연극놀이는 상상의 나래를 펼치고 현실을 모방하는 재미난 활동이지만 그렇게 느끼지 않는 사람도 분명히 있다. 내외부적 요인으로 자기 드러내기를 극도로 꺼리는 사람에게 연극놀이는 너무나도 마주하기 싫은 활동이다. 또한 일시적인 컨디션 난조로 체육 활동에 참여하지 못하는 사람이 있는 것처럼, 그날따라 침체된 내 생각과 감정을 남들에게 보이기 싫을 수도 있다. 그런 상황에서 억지로 연극놀이에 참여하도록 강요하면 의미 있는 활동이 될 수 없다.

   중요한 것은 연극놀이를 통해 참여자가 사물이나 현상, 생각 등을 새롭게 바라보고 느끼는 것이다. 내 생각과 감정을 말과 몸짓으로 직접 표현하는 게 부담된다면, 그림이나 글을 통해 간접적으로 표현해도 좋다. 만약 나를 알리기 싫다면 익명으로 표현할 수도 있으며, 그마저도 내키지 않는다면 다른 참여자의 표현을 진지하게 관찰하는 것만으로도 연극놀이의 목적을 어느 정도 달성할 수 있다. 이러한 방식으로 마음의 문이 열려 '나도 함께 하고 싶다'는 생각이 들면 자연스럽게 참여할 것이다. 다만 리더가 처음부터 표현의 모든 경우의 수를 열어 놓으면, 참여자들이 해당 연극놀이의 취지와 거리가 먼 표현 방식을 취할 수 있으므로 이 같은 방식은 참여자의 특성에 맞춰 제시할 필요가 있다.

- **놀이 중의 소란스러움을 긍정적으로 바라본다**

많은 사람이 유아 혹은 초등학생들과 각종 놀이를 하려고 할 때, 활동 공간이 난장판이 될까 봐 놀이하기를 주저하곤 한다. 어떤 이는 '마음의 준비를 해야 실행 가능하다'라고도 말한다. 하지만 놀이터에서 노는 아이들이나 학교 쉬는 시간, 점심시간에 삼삼오오 모여 놀이하는 학생들을 보고 있으면 활동이 왕성해서 시끄러울 뿐, 아이들 사이에는 모두가 공유하는 나름의 규칙도 있고 체계적으로 운영되는 걸 알 수 있다.

사실 연극놀이 활동이 부담스러운 진짜 이유는 너무 소란스러울까 걱정스럽기 때문일 것이다. 학생들이 소란스러워지는 이유를 생각해보면 답은 간단하다. 즐겁고 신나기 때문이다. 따라서 놀이 참여자들이 놀이를 방해하거나 딴짓을 하다가 소란을 피운 것이 아니라면 '내가 준비한 활동에 너무 즐겁게 몰입하고 있구나!' 하며 긍정적으로 바라보는 것이 좋다.

PART 1
감각

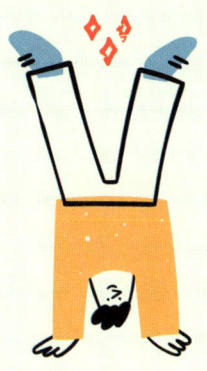

'감각' 연극놀이는 참여자가 주위 환경을 탐색하고 이해하기 위해 자신의 오감(시각, 청각, 촉각, 후각, 미각)을 활용하는 활동입니다. 책에서는 실행의 제약이 적은 '시각', '청각', '촉각' 3가지 감각에 집중한 놀이를 제시합니다. 개인이 감각 정보를 처리하고, 주위 환경과 자신을 연결하기 때문에 '감각' 연극놀이는 개인의 인지 및 정서 발달에 효과적이며, 더 복잡한 형태의 연극놀이와 학습을 위한 토대가 됩니다.

⏱ 소요 시간: 25~30분

01 내가 들은 소리는?

다양한 소리 QR

활동 영상 QR

유아 ★★★★ | 초등(저) ★★★★★ | 초등(고) ★★★★ | 청소년 ★★★★

ⓒ연극하는 선생님

소리를 듣고 그림으로 표현하는 놀이

청각적 자극을 시각적 이미지로 전환함으로써 청각을 자극하고 상상력과 창의력을 발휘할 수 있는 놀이이다. 참여자들은 소리에서 느껴진 순간적인 인상을 개인적 이미지로 자유롭게 표현하며 재미를 느낀다. 또한 자신의 그림을 설명하고 공유하는 과정을 통해 공감 능력과 소통 능력을 키울 수 있다.

준비물: 다양한 소리, 채색도구, 16절지(참여자 수만큼)

놀이 Tip과 유의 사항

- 오랜 시간 고민해서 그리기보다 소리를 듣고 순간적으로 떠오르는 이미지를 그린다.
- 다른 참여자들이 그린 그림을 비난하지 않고 열린 마음으로 감상하는 것이 중요하다.
- 가사 없는 교향곡이나 뉴에이지 음악을 들으며 머릿속에 떠오르는 이미지를 그리는 활동으로 확장할 수 있다.

▸ 참여자들은 눈을 감는다. 리더는 참여자에게 흰 도화지(8절지)를 나눠주고 준비해 놓은 한 가지 소리(예: 휘파람 소리, 파도 소리 등)를 들려준다.

▸ 모든 참여자는 소리를 듣고 떠오르는 이미지를 상상하여 그림으로 그린다.

▸ 1명씩 돌아가며 자신이 그린 그림을 다른 사람들에게 보여주고 그림의 의미를 설명한다.

▸ 다 함께 그림의 제목을 정한다.

참여자 소감

"같은 소리를 들었는데도 친구들이 그린 그림이 모두 다르다는 게 신기했어요."
"여러 그림을 통해 친구들의 다양한 생각과 감정을 엿볼 수 있어서, 서로를 더 깊이 이해하는 시간이었어요."

⏰ 소요 시간: 10~15분

02 달라진 점 찾기

활동 영상 QR

유아 ★★★ | 초등(저) ★★★★★ | 초등(고) ★★★★ | 청소년 ★★★

처음 모습을 관찰하고 잠시 후 달라진 점이 무엇인지 찾아보는 놀이

상대방의 모습을 세심하게 관찰하고 기억한 뒤 변화된 부분을 찾아냄으로써, 세부 사항에 대한 시각적 주의력을 키우는 놀이이다. 변화를 주는 사람은 어떤 변화를 줄지 계획하고, 관찰하는 사람은 집중해서 변화된 점을 찾는 것에 즐거움을 느낀다. 서로를 더 잘 알아가고 싶을 때, 서로를 향한 관심과 이해를 높이는 데에 효과적이다.

놀이 Tip과 유의 사항

- 자기 모습을 바꿀 때, 표정이나 자세뿐만 아니라 옷이나 액세서리도 적극적으로 활용한다.
- 2명이 하는 놀이가 익숙해지면 4명씩 모둠을 만들어서 모둠별로 달라진 곳을 찾는 활동을 할 수 있다. 이때 모둠 외 변화 전후의 모습을 사진으로 보여주면 더 효과적이다.

①

- 2명이 짝이 되어 A는 관찰하는 사람, B는 자기 모습을 바꾸는 사람이 된다.

②

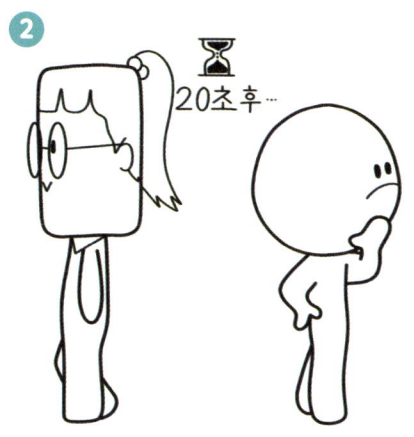

- A는 B의 모습을 20초 동안 관찰한다. 이때 B는 움직이지 않는다. 20초가 지나면 서로 등지고 선다.

③

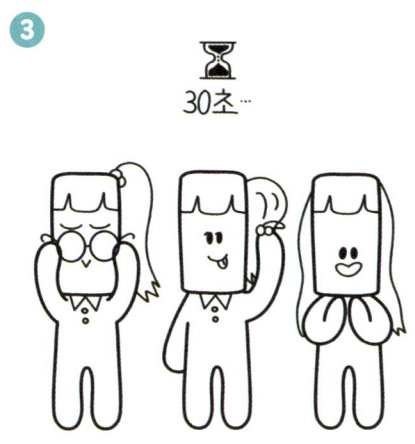

- B는 30초 동안 자기 모습 중 3곳을 바꾼다. 주어진 시간이 지나면 다시 마주 보고 선다.

④

- A는 B의 모습을 다시 관찰하여 이전과 달라진 점 3곳을 찾는다.

참여자 소감

"친구의 변화를 발견하는 순간 정말 기분이 좋았고, 틀렸을 때는 웃음이 났어요."
"이 놀이를 통해 세심하게 주의를 기울이는 법을 배웠을 뿐만 아니라, 변화를 줄 때 창의력을 발휘할 수 있어서 정말 즐거웠어요!"

⏱ 소요 시간: 10~15분

03 대장 원숭이 찾기

활동 영상 QR

유아 ★★★★★ | 초등(저) ★★★★★ | 초등(고) ★★★★ | 청소년 ★★★★

원숭이 무리 중에 가장 먼저 동작을 바꾸는 대장 원숭이를 찾는 놀이

숨바꼭질과 모방하기를 결합하여 관찰력, 비언어적 의사소통 능력, 전략적 사고력을 자극하는 놀이다. 대장 원숭이의 동작을 빠르게 따라 하는 과정에서 신체 활동이 일어나며, 에너지를 발산하고 두뇌를 적극적으로 사용하게 된다. 또한 상반된 역할인 술래나 대장 원숭이가 되는 경험을 통해 서로의 입장을 이해하고 공감하는 시간을 가질 수 있다.

놀이 Tip과 유의 사항

- 술래가 대장 원숭이를 쉽게 찾아낸다면, 술래가 대장 원숭이를 어떻게 찾았는지와 어떻게 하면 잘 숨길 수 있을지 함께 이야기 나누어 놀이의 긴장감을 더 높인다.
- 놀이의 재미를 더하기 위해 동작 이외에 표정을 함께 사용하면 좋다.
- 대장 원숭이는 너무 과격하거나 따라 하기 어려운 동작보다는 사람들이 쉽게 따라 할 수 있는 동작을 한다.

①

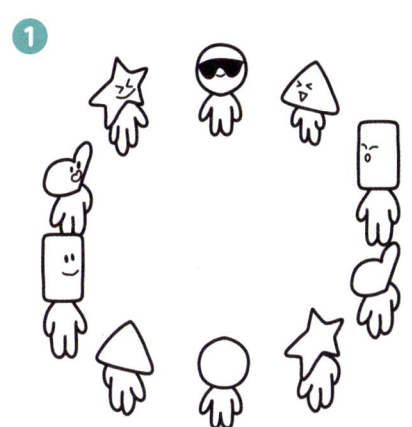

• 원 대형으로 서고 술래를 1명 정한다. 술래는 눈을 가리거나 잠시 다른 곳으로 이동한다.

②

• 둘러선 참여자 중에서, 술래를 제외하고 동작을 계속 바꿀 대장 원숭이 1명을 정한다.

③

• 대장 원숭이가 특정한 동작을 하기 시작하면 다른 참여자들은 대장 원숭이의 동작을 똑같이 따라 한다.

④

• 술래는 원 가운데로 들어와서 둘러서 있는 참여자들의 동작을 관찰한 후 3회 안에 누가 대장 원숭이인지 찾는다.

참여자 소감

"정말 긴장감 넘치고 재미있는 놀이였어요!"
"누가 대장 원숭이인지 맞히는 것도 재미있었지만, 다른 사람들의 움직임을 관찰하고 똑같이 따라 하는 것도 무척 즐거웠어요."

🕐 소요 시간: 15~20분

04 무지개를 찾아라!

활동 영상 QR

유아 ★★★★★ | 초등(저) ★★★★★ | 초등(고) ★★★ | 청소년 ★★

우리 주변의 공간과 사물에서 색을 찾는 놀이

주변 환경에 대한 시각적 관찰력과 색채 감각을 발휘하는 놀이이다. 제시된 색을 찾는 과정을 통해 일상에서 쉽게 지나칠 수 있는 다양한 색을 인식하게 된다. 또한 모둠에서 함께 여러 색의 사물을 신속히 발견하고 기록하는 과정에서 역동적 상호작용이 일어나 의사소통 능력과 협동력을 강화할 수 있다.

준비물: 종이(모둠 수만큼), 필기도구

놀이 Tip과 유의 사항

- 네임펜, 크레파스, 색종이와 같이 여러 색이 모여 있는 물건은 대상에서 제외한다.
- 놀이가 익숙해지면 심어자가 찾는 색의 개수와 찾을 물건을 조절한다(예: "노랑 2개!, 시계는 제외!").
- 참여자 연령에 따라 색 찾는 시간을 조정하며, 글쓰기가 어려운 참여자는 구두로 발표한다.

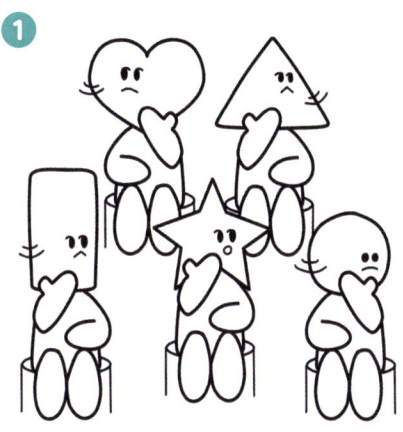

▸ 5명이 한 모둠이 되어 모둠별로 앉는다. 공간에 있는 다양한 물건을 둘러보며 여러 가지 색을 탐색한다.

▸ 일정 시간이 지나면 리더가 특정한 색(예: 빨강, 파랑, 노랑 등)과 제한 시간(예: 10초, 30초 등)을 외친다.

▸ 모둠원은 제한 시간 동안 리더가 외친 색을 주변에서 찾고, 어디에서 어떤 색을 찾았는지 종이에 적어 리더에게 제출한다.

▸ 제한 시간이 지나면 리더는 종이를 먼저 제출한 모둠 순서대로 어디에서 어떤 색을 찾았는지 확인한다.

참여자 소감

"공간을 돌아다니면서 색을 찾는 게 정말 즐거웠어요."

"주변을 더 자세히 보는 계기가 됐고, 평소 눈에 띄지 않던 사물에 대해서도 새로운 시각을 갖게 된 것 같아요!"

⏱ 소요 시간: 20~25분

05 발가락을 믿어봐

활동 영상 QR

유아 ★★★★★ | 초등(저) ★★★★★ | 초등(고) ★★★ | 청소년 ★★★

ⓒ연극하는 선생님

발가락으로 물체를 탐색하고 무엇인지 맞히는 놀이

발가락 촉각에 중점을 둔 놀이이다. 참여자들은 평소 손으로 느끼고 사용하던 물건을 발가락으로 탐색하면서 감각 및 인지 능력의 확장을 경험할 수 있으며, 발가락에서 느껴지는 다양한 질감과 형태에서 흥미를 느낀다. 발로 물건을 탐색하는 모습을 보는 것만으로도 웃음이 끊이지 않는 재미있는 놀이이다.

준비물: 사물 여러 개, 안대 2개

놀이 Tip과 유의 사항

- 탐색할 물건을 다양하게 준비하면 좋다(예: 분무기, 연필깎이, 배드민턴 라켓, 공, 소고, 북채, 딱풀, 사인펜 세트, 바구니, 테이프, 붓 등).
- 물건을 탐색할 때 양말을 벗고 맨발로 진행하면 물건을 더 감각적으로 탐색할 수 있다.
- 참여자가 많은 경우 3~4명이 함께 물건을 탐색한다.

▸ 모든 참여자는 앞을 보고 앉는다. 2명씩 앞으로 나와 신발을 벗는다.

▸ 두 참여자는 안대를 쓴다. 리더는 두 사람 사이에 발로 탐색할 물건을 놓는다.

▸ 리더의 신호에 따라 두 참여자는 발을 이용하여 제한 시간 동안 물건을 탐색한다.

▸ 제한 시간이 끝나면 "정답"을 외친 후 발로 탐색한 물건이 어떤 물건인지 알아맞힌다.

참여자 소감

"발가락으로 물건을 만져 보니 예상외로 발의 감각이 예민하다는 걸 알았어요."
"발가락으로 감각을 느껴서 무슨 물건인지 맞혀보니 새롭고 신기했어요. 다른 물건들도 발가락으로 느껴 보고 싶어요!"

⏱ 소요 시간: 15~20분

06 버스 운전사

활동 영상 QR

유아 ★★ | 초등(저) ★★★★★ | 초등(고) ★★★★ | 청소년 ★★★

ⓒ 연극하는 선생님

눈을 감고 버스가 되어 운전사의 촉감 신호에 따라 이동하는 놀이

촉감을 통한 소통과 신뢰 구축에 중점을 둔 협동 놀이이다. 참여자들은 안대를 쓰고 시각을 차단한 상태에서 촉각 신호에 따라 움직임을 조정하면서 집중력 및 비언어적 소통 능력을 강화하게 된다. 또한 여러 참여자가 기차처럼 이어지는 과정에서 안전의식과 집단의 조화 및 단결을 도모할 수 있다.

준비물: 안대(참여자 수의 1/2)

놀이 Tip과 유의 사항

- 놀이 시작 전 이동 방향(전, 후, 좌, 우)에 관한 약속을 강조하여 안전사고에 유의한다.
- 2명이 하는 활동에 익숙해지면 3~4명이 기차처럼 어깨를 이어 잡고 진행한다.
- 안전사고에 대비하여 진로에 방해될 물건이 없는 넓은 장소에서 하는 것이 좋다.
- 놀이 공간에 보물 여러 개를 놓고 버스의 제일 앞 사람이 보물을 가지고 오는 놀이로 변형할 수 있다.

❶

- 2명이 짝을 이루어 A는 버스, B는 버스 운전사가 된다.

❷

- A는 안대를 써서 눈을 가리고, B는 버스의 뒤에 서서 촉각으로 버스를 조종하며 다른 참여자와 부딪히지 않게 돌아다닌다.

❸

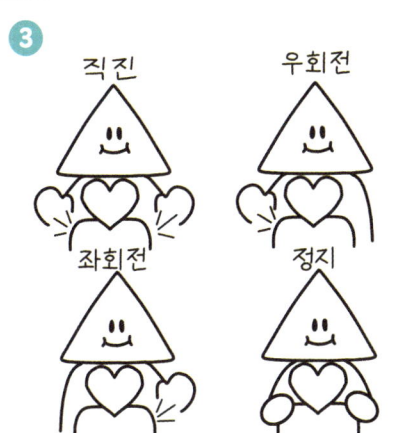

- 양쪽 어깨를 두드리면 전진, 왼쪽 어깨만 두드리면 좌회전, 오른쪽 어깨만 두드리면 우회전, 어깨를 잡으면 정지한다.

❹

- 짝 활동이 익숙해지면 3~4명이 기차처럼 이어서 어깨를 잡고 뒤에서 앞으로 촉각 신호를 전달하며 진행한다.

참여자 소감

"촉각 신호만으로 움직이니까 친구에 대한 신뢰가 점점 쌓여 더 잘 움직이게 되었어요."
"놀이를 통해 촉각이 더 깨어난 것 같고, 서로를 믿고 의지하는 것이 얼마나 중요한지 알게 되었어요."

소요 시간: 20~25분

07 비행기와 관제탑

활동 영상 QR

유아 ★★ | 초등(저) ★★★ | 초등(고) ★★★★ | 청소년 ★★★

눈을 감고 비행기가 되어 관제탑의 명령에 따라 이동하는 놀이

상호 의존적인 상황에서 명령을 듣고 실행하며 청각을 깨우는 놀이이다. 장애물을 피해 목적지까지 도달하는 과정에서 공간 인식 능력을 키우는 것은 물론, 신뢰와 협력의 중요성까지 몸소 체험할 수 있다. 장애물에 부딪힐 때 내는 "펑!" 소리가 놀이에 긴장감과 재미를 더하며, 성공적으로 목적지에 도착했을 때 성취감을 느낄 수 있다.

준비물: 안대 1개, 장애물 여러 개

놀이 Tip과 유의 사항

- 비행기와 관제탑 역할을 제외한 4명이 주변의 사물로 장애물을 놓을 때 비행기 역할을 맡은 참여자가 반대편으로 지나갈 수 없도록 길을 막으면 안 된다.
- 새로운 비행기와 관제탑 역할이 정해지면 놀이 공간 내 장애물의 위치를 바꾼다.
- 모둠별 놀이 공간의 크기는 3x4m 정도가 적당하나, 전체 공간 크기에 따라 조정해도 좋다.

1

- 6명이 한 모둠이 되어 직사각형의 놀이 공간을 만든다. 2명이 나와 A는 비행기(안대 착용), B는 관제탑(비행기 안내자)이 된다.

2

- A와 B는 직사각형의 놀이 공간 양 끝에 서고 나머지 4명은 주변의 사물로 놀이 공간 안에 장애물을 놓는다.

3

- A는 B의 안내를 들으며 장애물을 피해 건너편으로 이동한다.

4

- 이동 중 장애물에 부딪히면 주위의 4명이 "펑!"이라고 외친다.

참여자 소감

"눈으로 보지 못하니 소리에 더 집중하게 되었고, 귀의 소중함을 더욱 느낄 수 있었어요."
"비행기와 관제탑 역할을 하면서, 팀원들과 호흡을 맞추는 게 정말 중요하다는 걸 배웠어요."
"장애물에 부딪힐까 긴장하다가 "펑!" 소리가 나면 놀라면서도 웃음이 나왔어요."

소요 시간: 15~20분

08 살금살금 후다닥

활동 영상 QR

유아 ★★★★ | 초등(저) ★★★★★ | 초등(고) ★★★★★ | 청소년 ★★★★

안대를 쓴 술래가 지키고 있는 보물을 들키지 않고 가져오는 놀이

극적 긴장 속에서 조용히 움직이며 청각에 집중하는 놀이이다. 보물을 가져오기 위해 전략적인 사고와 다양한 신체 움직임이 이루어지고, 술래는 소리의 방향과 크기를 구별하는 감각을 키울 수 있다. 놀이의 특성상 조용한 분위기가 만들어지기 때문에 참여자의 집중력과 청각을 키우는 데에 효과적이다.

준비물: 보물용 물건 1개, 안대 1개, 의자 1개

놀이 Tip과 유의 사항

- 참여자 중 1명이라도 가상의 총에 맞으면, 다른 참여자는 잠시 정지한다.
- 시작하자마자 뛰어가서 보물을 가져오는 편법을 방지하려면 천천히 움직여서만 술래에게 다가갈 수 있다는 규칙을 추가한다.
- 보물의 개수를 여러 개로 늘리면 보물을 가져올 기회가 여러 명에게 돌아갈 수 있다.

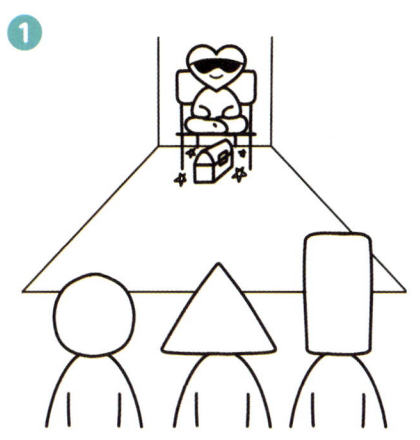

- 벽 앞에 의자를 두고 의자 밑에 보물을 놓는다. 술래는 의자에 앉아 안대를 쓰고 다른 참여자들은 출발선에 선다.

- 놀이가 시작되면 술래를 제외한 모든 참여자는 보물을 가져오기 위해 의자 쪽으로 살금살금 다가간다.

- 술래는 사람들이 다가오는 방향을 향해 "빵!"이라고 외치며 가상의 총을 쏜다.

- 총에 맞은 참여자는 다시 출발선으로 돌아간다. 술래의 총에 맞지 않고 보물을 출발선으로 가져오면 놀이가 끝난다.

참여자 소감

"제가 술래일 때는 눈을 가리고 있어서 다른 감각들이 곤두서는 느낌을 받았어요."
"술래를 피해서 보물을 가져오는 게 진짜 신났어요."
"술래에게 들키지 않기 위해 살금살금 움직이는 것이 힘들었지만 그만큼 재미도 있었어요."

소요 시간: 25~30분

09 색을 닮은 몸짓

활동 영상 QR

유아 ★★ | 초등(저) ★★★★ | 초등(고) ★★★ | 청소년 ★★★

ⓒ연극하는 선생님

몸짓으로 표현한 색을 보고 무슨 색인지 맞히는 놀이

색상 인식과 신체 움직임을 결합하여 다른 사람들과 비언어적으로 의사소통하는 놀이이다. 색상에서 개인적인 감정과 이미지를 떠올리고, 다른 참여자의 표현을 보며 색상을 추론하는 과정에서 시각을 깨울 수 있다. 또한 자신의 생각을 공유하여 단체 조각상으로 표현하는 과정에서 공감 및 창의적 해석 능력과 표현력이 올라간다.

준비물: 색종이(참여자 수만큼), 테이프

놀이 Tip과 유의 사항

- 상대방의 등에 색종이를 붙일 때는 그 사람에게 색이 보이지 않도록 유의한다.
- 색을 표현할 때 직접적인 힌트를 주면 안 된다(예: 공간 안에 있는 어떤 물건을 가리키기).

- 리더가 5가지 색종이(빨강, 파랑, 초록, 노랑, 검정)를 여러 장 준비한다. 1명씩 색종이를 가져가서 가까운 사람의 등에 테이프로 붙인다.

- 돌아다니다 만난 사람의 등에 붙은 색을 보고 떠오르는 이미지를 표정과 몸짓으로 표현한다. 상대방의 표현을 보고 등에 붙은 종이가 어떤 색일지 추론한다.

- 서로 같은 색이 등에 붙어 있다고 생각하는 참여자끼리 모인 후, 단체 조각상을 만들어 공통의 색을 표현한다.

- 발표를 본 참여자들은 단체 조각상을 보고 무슨 색을, 무엇으로 표현했는지 알아맞힌다.

참여자 소감

"색에서 느껴지는 감정과 이미지를 몸짓으로 표현하니, 평소에는 생각하지 못했던 창의적인 아이디어가 마구 샘솟았어요."

"우리가 함께 만든 작품을 보면서 서로가 색을 느끼는 생각과 감정을 공유할 수 있었어요."

⏰ 소요 시간: 10~15분

10 색을 이은 그림

활동 영상 QR

유아 ★★ | 초등(저) ★★★★ | 초등(고) ★★★★★ | 청소년 ★★★★

ⓒ 연극하는 선생님

색을 보고 떠오르는 느낌을 릴레이 그림으로 표현하는 놀이

색이라는 시각적 자극에 대한 각자의 해석을 공동 창작물로 통합하는 놀이이다. 색을 보고 떠오른 이미지를 자유롭게 그림으로 표현함으로써 다양한 시각을 공유하고 상상력을 자극하는 효과가 있다. 릴레이로 그리는 놀이 방식은 참여자 간의 예술적 소통을 촉진하고, 그림이 어떻게 이어질지 예측하지 못하게 만드는 재미 요소를 더한다.

준비물: 색종이 여러 장, 8절지 여러 장

놀이 Tip과 유의 사항

- 자기 차례가 되었을 때 오래 생각하지 않고 순간적으로 떠오르는 이미지를 그림으로 그린다.
- 참여자의 나이에 따라 1명당 그림 그리는 시간을 조절한다.
- 그림은 검은색으로만 그려서 어떤 색을 표현하는지 힌트를 주지 않도록 한다.

❶

▸ 4명이 한 모둠이 되어 앉는다. 리더가 각 모둠에 무작위로 색종이를 1장씩 나눠 준다.

❷

▸ 모둠 안에서 순서를 정하고, 제한 시간(예: 10초, 20초 등) 동안 전달받은 색종이의 색에서 떠오르는 느낌을 릴레이로 그림을 그린다.

❸

▸ 앞 사람의 그림을 이어 그려도 되고, 새로운 그림을 그려도 된다.

❹

▸ 다른 모둠이 그린 그림을 보고 어떤 색을 표현했는지 알아맞힌다.

참여자 소감

"각자가 보는 색에 대한 느낌이 얼마나 다양한지 알 수 있었어요."
"색을 보고 각자가 느낀 이미지를 이어 그렸는데 생각지도 못한 그림이 완성되니 놀라웠어요!"
"무엇으로 색을 표현해야 할까 망설였는데 친구가 그린 그림을 보니 다양한 생각이 떠올랐어요."

소요 시간: 10~15분

11 소리 꽃이 피었습니다

활동 영상 QR

유아 ★★★★★ | 초등(저) ★★★★★ | 초등(고) ★★★ | 청소년 ★★★

소리 나는 물건을 술래에게 들키지 않게 전달하여 목표 지점까지 도달하는 놀이

'무궁화꽃이 피었습니다' 놀이에 청각적 요소를 더하여, 소리 나는 물건을 찾으려는 술래와 다른 참여자 간에 대결하는 놀이이다. 술래는 주위 소리에 귀를 기울여야 하며, 다른 참여자들은 물건에서 소리가 나지 않게 주의한다. 이 과정에서 소리에 대한 민감성을 키울 수 있다. 참여자들은 술래의 추리를 피해 서로 협동하고 조용히 움직이며 몰입하게 된다.

준비물: 소리 나는 물건 1개

놀이 Tip과 유의 사항

- 참여자의 나이에 따라 물건의 크기나 소리의 정도를 조절하면 더 즐겁게 놀이할 수 있다.
- 주변 소음이 적을수록 술래가 소리를 더 잘 들을 수 있으므로 조용한 장소에서 진행하는 것이 좋다.
- 리더는 놀이 밖에서 다른 참여자의 놀이 과정을 유심히 지켜보다가, 과잉행동을 하거나 술래에게 힌트를 주는 참여자가 있는 경우 적절히 제지한다.

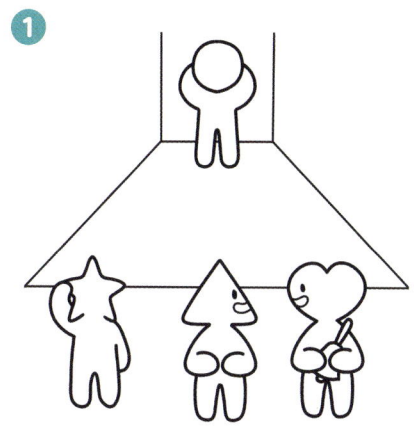

- 1명의 술래는 벽을 바라보고, 다른 참여자들은 출발선에 뒷짐을 지고 선다. 이때 참여자 중 1명(A)이 소리 나는 물건을 등 뒤에 숨긴다.

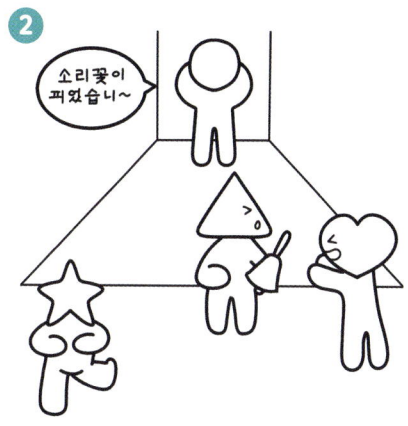

- 술래가 "소리 꽃이 피었습니다!"라고 외칠 때 모두 한 걸음씩 앞으로 이동하며, A는 다른 사람에게 소리 나는 물건을 전달한다.

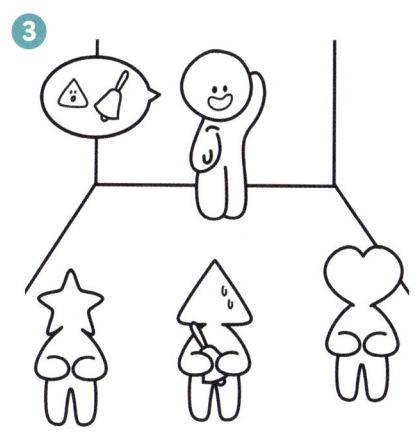

- 술래는 누가 등 뒤에 물건을 숨기고 있을 것 같은지 말한다. 제대로 맞히면 물건을 들고 있는 참여자가 새로운 술래가 된다.

- 참여자들이 물건을 들키지 않고 술래 바로 앞까지 오면 놀이가 끝난다.

참여자 소감

"술래가 쳐다볼 때마다 심장이 빨리 뛰는 것 같았고, 물건을 전달할 때도 조심스럽게 움직여야 했어요."

"술래가 뒤돌았을 때 몸을 움직이지 않으면서 물건도 숨겨야 하니 긴장감 넘쳐서 재밌었어요!"

⏱ 소요 시간: 15~20분

12 소리 오케스트라

도움자료 QR

활동 영상 QR

유아 ★★ | 초등(저) ★★★ | 초등(고) ★★★★ | 청소년 ★★★★

1명씩 입으로 소리를 내고, 그 소리를 쌓아 어떤 장소나 상황이 연상되는지 느껴보는 놀이

각자의 신체를 활용한 창의적 소리 표현을 합주로 전환함으로써, 소리를 탐구하며 청각을 깨우는 놀이이다. 다양한 소리를 탐색하고 이를 하나씩 쌓아가며 하나의 오케스트라를 완성하는 과정은 음악적 상상력의 발현과 공동 창작을 동시에 경험하게 한다. 또한 모두가 함께 소리를 만들어 가기 때문에 표현에 소극적인 참여자도 부담 없이 참여할 수 있다.

놀이 Tip과 유의 사항

- 참여자의 수가 많으면 A, B팀을 나눠 A팀은 소리를 만들고, B팀은 A팀이 만든 소리에서 연상되는 상황이나 장소를 맞히는 방식으로 놀이를 진행한다.
- 사전 활동으로 주위 사물이나 신체 부위로 다양한 소리를 만들어보거나, 리더가 제시하는 다양한 소리(예: 숲 소리, 공장 소리 등)를 들으면 참여자들이 본 활동에서 소리를 창작하는 데에 도움이 된다.

▸ 원 대형으로 의자에 앉은 후 1명씩 구음으로 다양한 소리를 만든다.

▸ 소리를 쌓을 첫 번째 참여자를 정하고 한 방향으로 돌아가며 점차 소리를 쌓아 올린다.

▸ 마지막 참여자가 소리를 낼 때까지 다른 참여자는 모두 지속해서 소리를 낸다.

▸ 소리 내기를 멈춘 후, 함께 만든 소리를 들으며 떠오르는 장소나 상황을 발표한다(예: 공장, 바다, 숲속, 지하철 등).

참여자 소감

"소리를 통해 다른 사람들과 소통하고 협동해서 재밌었어요!"
"의도하지 않았는데 다양한 소리가 모이니 특정한 장소나 상황이 떠올라서 참 신기했어요."

🕐 소요 시간: 20~25분

13 소리 탐정

 도움자료 QR　 활동 영상 QR

유아 ★★★★ | 초등(저) ★★★★★ | 초등(고) ★★★★ | 청소년 ★★★

물건에서 나는 다양한 소리를 듣고 어떤 물건인지 알아맞히는 놀이

일상 속 물건으로 만들 수 있는 소리에 청각을 집중하여 물건을 추론하는 놀이이다. 소리를 내는 사람은 색다른 소리를 만들기 위해 물건을 새롭게 탐색하는 과정에서 창의적인 사고를 하게 된다. 소리를 듣는 사람은 물건의 정체를 맞추기 위해, 놀이 중 들리는 소리와 관련한 자신의 경험을 돌아보게 된다. 이러한 과정에서 일상 물건에 대한 새로운 인식을 얻을 수 있다.

준비물: 여러 가지 일상 물건

놀이 Tip과 유의 사항

- 소리를 낼 때는 다른 사람이 명확하게 물건을 식별할 수 있도록 다양한 소리를 내는 것이 좋다(예: 볼펜을 사용한다면 필기 소리와 클릭 소리를 모두 내주기).
- 소리를 듣고 물건을 맞힐 때는 물건 이름을 가능한 한 구체적으로 말한다(예: '종이'보다는 'A4 용지'라고 말하기).
- 놀이가 익숙해지면 소리를 듣고 떠오르는 장면이나 이미지를 말하는 활동으로 확장할 수 있다.

▸ 각자 주변에서 물건(예: 볼펜, 종이, 필통, 풀, 국자 등)을 하나씩 가져온다. 이때 가져온 물건을 다른 사람들에게 보여주지 않는다.

▸ 물건을 이용해 소리를 만들 참여자를 정하면 다른 참여자들은 모두 눈을 감거나 엎드린다.

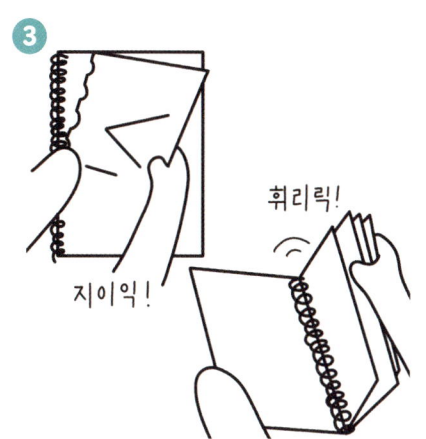

▸ 소리를 만들 참여자는 자신이 가져온 물건을 이용해 다양한 소리를 만든다.

▸ 다른 참여자들은 충분히 소리를 듣고, 이것이 어떤 물건에서 나는 소리인지 알아맞힌다.

참여자 소감

"소음에 둘러싸인 일상에서 이렇게 작은 소리에 집중하는 경험이 신선하고 즐거웠어요."
"소리에 대한 감각을 더욱 예민하게 만들 수 있는 놀이였어요."
"매일같이 보던 물건에서 이런 소리가 날 줄이야! 눈앞에 보이는 물건들이 새롭게 느껴져요."

⏱ 소요 시간: 10~15분

14 손끝을 느껴요

도움자료 QR

활동 영상 QR

유아 ★★★★ | 초등(저) ★★★★★ | 초등(고) ★★★ | 청소년 ★★★

ⓒ연극하는 선생님

손가락 끝과 등의 촉감만으로 정보를 전달하는 놀이

촉감을 활용한 비언어적 의사소통에 중점을 둔 놀이이다. 손가락 끝으로 상대방 등에 글씨를 써서 내용을 전달함으로써 촉감을 깨운다. 이때 전달 과정에서 발생하는 여러 오류와 변형을 통해 의사소통이 얼마나 복잡한지 이해할 수 있다. 또한 연쇄적으로 정보를 전달하면서 집중력뿐만 아니라 협동심까지 키우는 효과가 있다.

놀이 Tip과 유의 사항

- 이성 간 불필요한 접촉이 우려된다면 동성끼리 모둠을 만들어서 진행하는 것이 좋다.
- 참여자의 나이가 어릴 경우, 전달 내용을 간단한 그림이나 도형 등으로 제한하여 제시한다.
- 참여사가 보는 순서를 경험할 수 있노록 순서를 바꿔가며 신행한다.

▸ 5명이 한 모둠이 되어 한 줄로 선다. 1~5번까지 순서를 정한다.

▸ 2~5번은 뒤를 보고, 1번 참여자는 앞쪽에서 리더가 전달하는 내용을 확인한다.

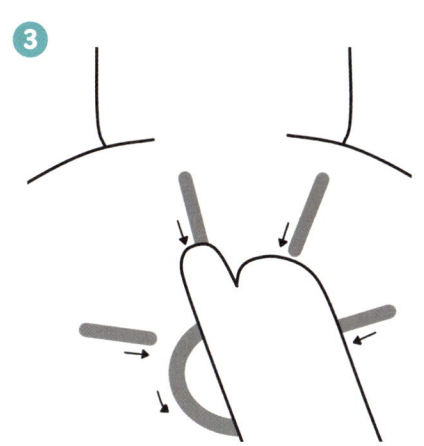

▸ 앞에서부터 차례대로 다음 사람의 등에 특정 내용을 손가락으로 써서 전달한다.

▸ 마지막에 내용을 전달받은 5번 참여자는 리더에게 와서 글이나 그림으로 자신이 생각하는 정답을 표현한다.

참여자 소감

"손가락 끝과 등의 감각이 깨어난 것 같아요!"
"쉬운 촉감 놀이일 줄 알았는데 역할을 바꿔가며 여러 위치에서 놀이를 해보니, 정보를 전달하는 사람도, 받는 사람도 저마다 어려움이 있더라고요. 하지만 그 과정에서 친구들과 웃으며 소통하는 법을 배우고, 더 가까워진 것 같아 기분이 좋아요."

⏰ 소요 시간: 15~20분

15 손의 주인을 찾아라!

활동 영상 QR

유아 ★★★★★ | 초등(저) ★★★★★ | 초등(고) ★★★★★ | 청소년 ★★★★

눈을 감고 여러 사람의 손을 탐색하며 짝의 손을 찾는 놀이

여러 사람의 손을 만지면서 느껴지는 미세한 촉감의 차이를 구별하는 놀이이다. 시각적인 단서를 배제하고 오직 손길로만 짝을 찾아내는 과정을 통해 촉각을 더욱 민감하게 깨우고, 촉각의 중요성과 섬세함을 느낄 수 있다. 참여자가 자신이 만진 여러 손의 촉감을 묘사하기 시작하면 웃음이 끊이지 않는다.

놀이 Tip과 유의 사항

- 짝의 손을 찾는 사람이 눈을 감는 대신 안대를 착용하면 더 재밌게 놀이할 수 있다.
- 활동이 1회 끝나면 손을 내미는 사람과 짝의 손을 찾는 사람이 서로 역할을 바꿔서 놀이를 다시 진행한다.
- 참여자 간의 불필요한 신체적 접촉을 피하고자 짝의 손 이외의 다른 신체 부위는 만지지 않도록 한다.

- 2명이 짝을 이룬다. A(손을 내미는 사람)는 B(짝의 손을 찾는 사람)에게 손을 내밀고 B는 눈을 감은 채 1분 동안 A의 손을 만지며 탐색한다.

- B 역할을 맡은 참여자끼리 누가 먼저 짝의 손을 찾을지 순서를 정한다. 자신의 차례가 되면 앞으로 나간다.

- A 역할을 맡은 참여자 중 B의 짝을 포함한 5명의 지원자는 앞으로 나온다. 이미 앞에 나와 있는 B는 눈을 감는다.

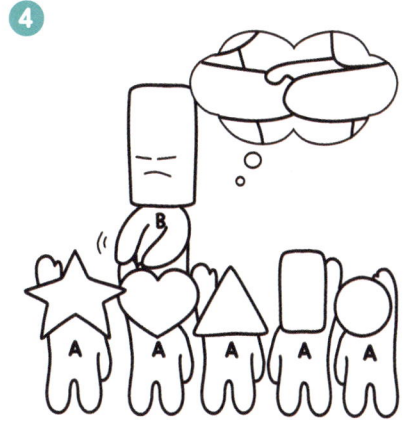

- 5명의 지원자는 B에게 손을 내밀어 촉각으로 탐색하게 하고, B는 지원자의 손을 만져본 후 자기 짝의 손을 찾는다.

참여자 소감

"손의 촉각에만 의존해서 짝을 찾는 것은 색다른 경험이었어요."
"처음에는 헷갈렸지만 집중하다 보니 손마다 작은 차이들이 느껴지기 시작했어요."
"눈으로 확인할 수 없을 때 다른 감각이 얼마나 중요한지 깨달았어요."

🕐 소요 시간: 20~25분

16 어떤 눈일까?

활동지 QR 활동 영상 QR

유아 ★★★★ | 초등(저) ★★★★ | 초등(고) ★★★ | 청소년 ★★★

ⓒ연극하는 선생님

캐릭터에 어울리는 눈을 활동 공간에서 찾아 사진으로 촬영하는 놀이

상상력과 창의력을 바탕으로 주변 환경을 새로운 시각으로 바라보는 놀이이다. 참여자들은 활동 공간 속에서 캐릭터의 눈으로 표현될 만한 물체를 발견하고, 자신만의 독특한 시각으로 물체를 인식하여 새롭게 표현할 수 있다는 점에 큰 흥미를 느낀다. 원근법을 활용해 캐릭터의 눈을 표현하는 과정은 기술적인 지식과 예술적인 감각을 동시에 키울 수 있다.

준비물: 가위, 채색도구, 촬영 기기(참여자 수만큼), 활동지(참여자 수만큼)

놀이 Tip과 유의 사항

- 주위 활동 공간을 새롭게 바라볼 수 있도록 놀이 시작 전 참여자에게 다양한 예시 사진을 보여주는 것이 좋다.
- 촬영기기는 테블릿 PC 또는 스마트폰 카메라를 사용한다.
- 카메라의 원근법을 활용하여 멀리 떨어져 있는 사물도 캐릭터의 눈으로 사용할 수 있다.

❶

- 리더는 모든 참여자에게 활동지와 촬영기기를 나눠준다. 참여자는 활동 공간을 탐색하며, 인물의 눈으로 사용할 물체 또는 장소를 정한다.

❷

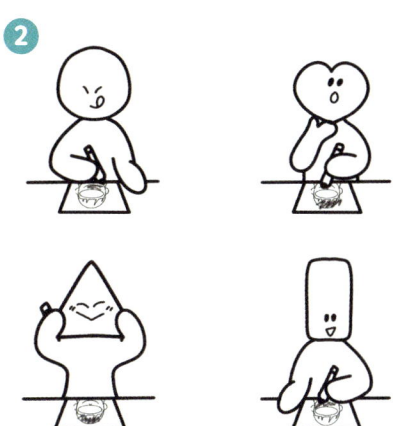

- 각자 자리로 돌아가 앞서 정한 인물의 눈과 어울리는 색상으로 활동지의 그림을 채색한다.

❸

- 채색한 활동지를 들고 1번에서 봐둔 물체 또는 장소로 이동한다. 원하는 구도로 사진을 촬영한 후 리더에게 사진을 전송한다.

❹

- 원 대형으로 앉아서 다른 참여자가 촬영한 사진을 다 함께 감상한다.

참여자 소감

"평소에 익숙한 제 주변 환경을 다른 시각에서 바라보는 법을 배웠어요."
"평범한 사물이 캐릭터의 눈으로 변신하는 과정이 마법 같았어요."
"눈 모양이 바뀔 때마다 캐릭터의 감정도 다르게 느껴졌어요."

⏱ 소요 시간: 15~20분

17 여기 맞지?

활동 영상 QR

유아 ★★ | 초등(저) ★★★★★ | 초등(고) ★★★★★ | 청소년 ★★★★

ⓒ연극하는 선생님

주어진 사진과 똑같은 사진을 촬영하는 놀이

사진을 매개로 한 시각적 인지와 공간 인식 능력에 중점을 둔 놀이이다. 제시된 사진과 완전히 같은 사진을 찍기 위해 활동 공간을 자세히 관찰하며 카메라로 여러 구도를 잡아 본다. 참여자들은 자신들이 마치 탐험가나 탐정이 된 것처럼 놀이에 몰입하게 된다.

준비물: 사진 5장, 촬영 기기(모둠 수만큼)

놀이 Tip과 유의 사항

- 리더가 제시한 사진들이 촬영된 곳을 자세히 관찰할 시간을 충분히 준다.
- 모둠원이 다양한 공간을 탐색할 수 있도록 좁은 교실보다는 외부 공간을 활용하면 더 재미있게 활동할 수 있다.
- 촬영기기는 태블릿 PC 또는 스마트폰 카메라를 사용한다.

▸ 3명이 한 모둠이 된다. 각 모둠에 1대의 촬영 기기를 나눠준다. 리더는 사전에 특정한 공간을 촬영한 사진 5장을 참여자에게 제시한다.

▸ 모둠원과 함께 공간을 탐색하며 리더가 제시한 사진들이 촬영된 곳을 찾는다.

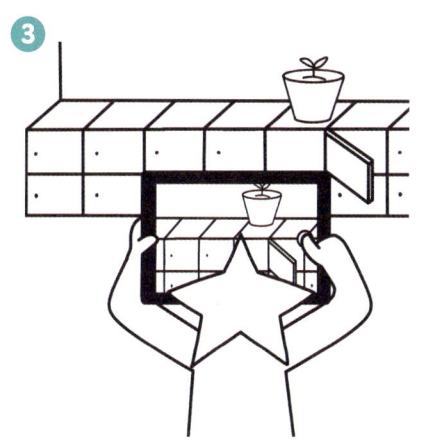

▸ 리더가 제시한 사진들과 최대한 같은 구도로 촬영한 후, 사진을 리더에게 제출한다.

▸ 원 대형으로 앉아서 모둠에서 촬영한 사진과 리더가 처음에 제시한 사진을 비교하며 감상한다.

참여자 소감

"사진 속 풍경을 찾아가는 과정에서 우리 주변을 더 세심히 관찰하게 되었어요."
"모둠원과 함께 사진 속 위치를 찾기 위해 의견을 나누고 협력하는 게 정말 재미있었어요!"

⏰ 소요 시간: 20~25분

18 유령 열차

활동 영상 QR

유아 ★★★ | 초등(저) ★★★★★ | 초등(고) ★★★★★ | 청소년 ★★★★

여러 사람이 만든 유령 열차의 움직임 변화를 귀 기울여 파악하는 놀이

긴장감 속에서 주위 소리의 변화를 알아채는 놀이이다. 참여자들은 오로지 청각에 의존하여 주변 상황을 파악하는 독특한 경험을 하게 된다. 남아 있는 사람의 수가 줄어들수록 긴장감은 점점 고조되며, 마지막까지 살아남은 참여자가 유령의 승리를 가로채는 순간, 가장 큰 짜릿함을 느낀다.

준비물: 무서운 배경 음악

놀이 Tip과 유의 사항

- 최후의 1명이라고 생각해서 일어났는데 그렇지 않다면, 일어난 사람은 유령이 되어 유령 열차의 뒤에 붙는다.
- 리더는 어깨 두드리는 소리, 발걸음 소리 등을 참여자가 민감하게 인식할 수 있도록 소리에 집중할 것을 반복해서 안내한다.
- 참여자가 20명 이상일 때는 최후의 남는 사람을 2~3명으로 조절한다.

1

▸ 원 대형으로 의자에 앉아 모두 엎드리면 유령(리더)이 기관사 1명을 정한다. 리더는 무서운 배경 음악을 튼다.

2

▸ 기관사가 원을 돌며 누군가의 어깨를 두드리면 그 사람은 자리에서 일어나 유령 열차의 제일 뒤쪽에 붙는다.

3

▸ 최후의 1명이 남았을 때 유령 열차는 5초 동안 제자리걸음을 한다.

4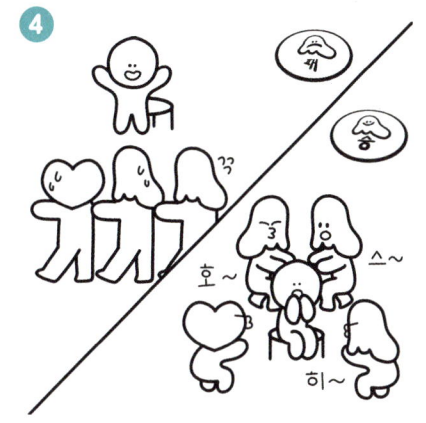

▸ 5초 안에 남아 있는 사람이, 자신이 최후의 1명임을 눈치채고 일어나면 인간의 승리, 눈치채지 못하면 모두가 귀신 소리를 내면서 유령이 승리한다.

참여자 소감

"주변에서 여러 가지 소리가 들리는데 무슨 상황인지 알기 위해 굉장히 집중했어요!"

"기관사가 제 어깨를 두드릴까 봐 조마조마했고 친구들이 모두 귀신 소리를 내며 다가올 때 깜짝 놀랐어요."

소요 시간: 15~20분

19 음벨레

활동 영상 QR

유아 ★★ | 초등(저) ★★★★★ | 초등(고) ★★★★★ | 청소년 ★★★★★

"음벨레"라는 경고 소리를 듣고 상대방을 잡거나 도망가는 놀이

청각 정보에 기반하여 신속하게 반응하고 전략적으로 움직이는 놀이이다. 얼룩말과 사자 역할을 맡은 참여자는 안대를 쓴 상태에서 소리를 듣고 상황을 판단해야 하므로, 청각적 집중력을 키울 수 있다. 또한 울타리 역할을 하는 참여자들도 경고 소리를 계속해서 내기 때문에 모두가 놀이에 적극적으로 참여한다는 장점이 있다.

준비물: 안대 2개

놀이 Tip과 유의 사항

- 울타리 역할의 참여자들은 사자와 얼룩말의 거리가 가까워질수록 "음벨레!" 소리를 크게 낸다.
- 사자와 얼룩말이 울타리에 부딪힐 것 같으면 울타리 역할의 참여자가 작은 목소리로 "울타리"라고 말하면서 사자 또는 얼룩말 역할의 참여자 어깨를 돌려 세운다.
- 울타리 역할의 참여자들은 사자와 얼룩말이 주위 소리에 집중할 수 있도록 "음벨레", "울타리" 소리 외의 다른 소리는 내지 않는다.

①

- 원 대형으로 의자에 앉는다. 2명씩 나와 A는 사자가 되고 B는 얼룩말이 된다. 다른 참여자들은 울타리가 된다.

②

- A와 B는 안대를 착용하고 원 안으로 들어간다. 제한 시간(예: 30초, 1분 등) 동안 A는 B를 잡아야 한다.

③

- 다른 참여자들은 A와 B가 가까워지면 "음벨레!"라는 소리를 내고, A와 B가 원 밖으로 나가지 않도록 막아준다.

④

- 제한 시간 안에 A가 B를 잡으면 A가 승리하고, 잡지 못하면 B가 승리한다.

참여자 소감

"시간이 갈수록 "음벨레" 소리에 민감해지면서 상대방과의 거리를 더 정확히 측정할 수 있었어요."
"놀이가 끝난 후에 귀가 더 예민해진 것 같아요!"
"제가 "음벨레" 소리를 내며 사자랑 얼룩말이 다치지 않도록 도움을 줘서 좋았어요."

소요 시간: 10~15분

20 조각상 복제하기

활동 영상 QR

유아 ★★★★★ | 초등(저) ★★★★★ | 초등(고) ★★★ | 청소년 ★★★

ⓒ연극하는 선생님

촉감으로 조각상을 파악하고 똑같이 표현하는 놀이

촉각과 상상력을 발휘하여 신체 표현을 이해하고 재현하는 놀이이다. 시각이 제한된 상태에서 상대방의 몸짓을 복제하기 위해 손으로 느껴지는 촉감에 더욱 집중하게 되고, 형상을 구체적으로 상상하게 된다. 이 과정에서 참여자들은 예상치 못한 창작물을 보는 재미를 느끼고, 추론한 모습이 실제 상대와 얼마나 일치하는지 확인할 때 큰 성취감을 느낀다.

준비물: 안대(참여자 수의 절반)

놀이 Tip과 유의 사항

- 불필요한 이성 간 신체 접촉을 피하고자 동성끼리 짝을 만들어서 진행하는 것이 좋다.
- 촉각을 이용하여 소각상을 파악할 때, 일부분만을 가지고 예측하기보다 가능한 한 많은 부분을 만져보고 그 형상을 파악하도록 안내한다.

· 2명이 짝이 되어 A는 조각가가 되고 B는 조각상이 된다. A는 안대를 착용하고 B는 신체 조각상을 만든다.

· A는 B를 만지며 조각상이 어떻게 생겼을지 상상한다.

· A는 B의 모습을 최대한 똑같이 신체 조각상으로 표현한다.

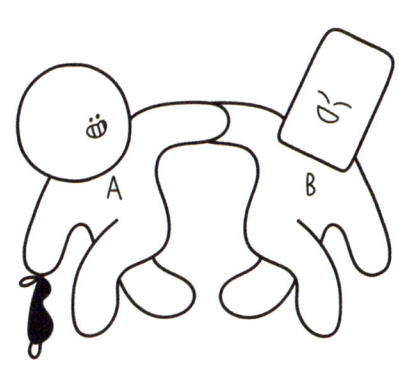

· A는 안대를 벗고 B의 모습과 자신의 조각상이 비슷한지 확인한다.

참여자 소감

"눈을 감으니 시각 이외의 감각을 더욱 민감하게 사용할 수 있었어요!"
"감각적인 경험을 통해 상상력을 자극하고 상대방의 모습을 재현하는 과정에서 창의성을 발휘할 수 있었어요."

소요 시간: 15~20분

21 죽음의 동그라미

활동 영상 QR

유아 ★★ | 초등(저) ★★★★★ | 초등(고) ★★★★★ | 청소년 ★★★★★

ⓒ연극하는 선생님

악수하며 느껴지는 촉감과 주변에서 일어나는 일에 집중하여 술래를 추리하는 놀이

신체적 상호작용과 비언어적 의사소통을 중심으로 촉감의 미묘한 변화에 주의를 기울이는 놀이이다. 연극놀이 속 가짜 죽음은 매우 흥미로운 소재로서 참여자의 몰입감을 높인다. 참여자들은 불안과 의심 속 활발한 심리적 교류를 경험하고, 자신이 죽음의 동그라미를 받을지도 모른다는 불안 속에서 상대와 악수하며 긴장감을 느낀다.

놀이 Tip과 유의 사항

- 술래는 다른 참여자처럼 상대 손바닥 중앙을 누를 수도 있고, 손바닥에 동그라미를 그릴 수도 있다.
- 활동 공간 앞에 의자 1개를 놓는다. 이 의자는 술래의 정체를 알 것 같은 참여자가 "잠깐!"이라고 외칠 때 올라가는 용도로 사용한다.
- 손바닥 중앙을 누를 때 너무 세게 누르거나, 악수할 때 손바닥을 너무 세게 잡지 않는다.

1

- 리더가 비밀리에 술래 1명을 정한다. 참여자들은 공간을 걸어 다니다가 사람들을 만나면 반갑게 악수한다.

2

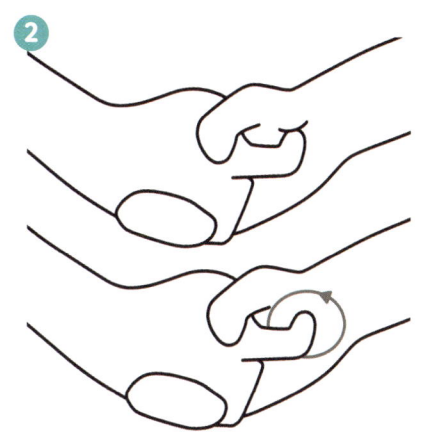

- 악수할 때 서로의 검지로 상대 손바닥 중앙을 살짝 눌러야 한다. 단, 술래는 검지로 상대 손바닥에 동그라미를 그릴 수 있다.

3

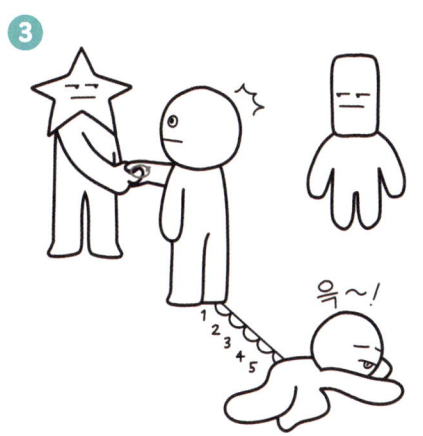

- 술래에게 동그라미를 받은 사람은 5걸음을 걸은 후 비명을 지르며 죽음을 맞이한다.

4

- 술래의 정체를 알 것 같은 참여자는 "잠깐!"이라고 외친 후 리더에게 귓속말로 이름을 말한다. 오답이면 죽음을 맞이하고, 정답이면 놀이가 끝난다.

참여자 소감

"악수의 미묘한 차이에 주의를 기울이다 보니 집중력이 향상된 것 같아요."
"손바닥에 느껴지는 간단한 촉감 하나로 긴장감을 느끼며 추리하는 재미가 쏠쏠했어요."

⏱ 소요 시간: 25~30분

22 촉감 화가

활동 영상 QR

유아 ★★★★★ | 초등(저) ★★★★★ | 초등(고) ★★★★★ | 청소년 ★★★★

ⓒ연극하는 선생님

상자 속 물건을 손으로 탐색한 후 그림으로 표현하는 놀이

추상적 사고력과 창의력을 발휘하여 촉각으로 파악한 물체의 느낌을 시각적으로 표현하는 놀이이다. 촉각을 통해 물건을 새롭게 바라볼 수 있고, 촉감을 그림으로 표현하며 내 감각을 시각 언어로 바꾸는 능력을 키울 수 있다. 참여자들은 자신의 감각을 다른 사람과 공유하고, 같은 물건에 대한 다양한 해석을 듣는 것에 재미를 느낀다.

준비물: 물건 여러 개, 상자 1개, 종이(참여자 수만큼), 채색도구

놀이 Tip과 유의 사항

- 상자에 들어갈 물건은 참여자에게 생소할수록 좋다.
- 상자에서 만진 물건이 무엇인지 실물을 유추해서 그리는 것이 아니니, 촉각으로 느낀 이미지를 추상적으로 그린다.
- 놀이가 끝나면 리더는 상자 속 물건을 공개하고 참여자들은 물건을 다시 한번 만져본다.

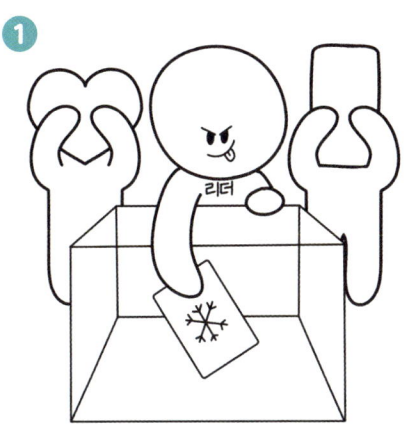

- 리더는 상자 안에 특정한 물건(예: 실리콘 냄비 받침, 핸드폰 충전기, 아이스팩 등)을 참여자들이 보지 못하게 집어넣는다.

- 원 대형으로 서서 상자 속 물건을 만질 순서를 정한 후, 차례대로 상자에 손을 넣어 물건을 만진다.

- 물건을 만진 참여자는 자기 자리로 돌아가 물건을 만진 느낌을 그림으로 표현한다.

- 자신이 그린 그림을 다른 참여자들에게 보여주며 왜 이렇게 그렸는지 그 이유를 설명한다.

참여자 소감

"평소에는 주의 깊게 관찰하지 않았던 물건들을 촉감만으로 느끼고 그리는 과정이 신선했어요."
"무언가를 보는 것과 느끼는 것의 차이를 깨닫게 된 신기한 경험이었어요."

⏱ 소요 시간: 25~30분

23 폴리 아티스트

해설문 QR

활동 영상 QR

유아 ★★★★ | 초등(저) ★★★★★ | 초등(고) ★★★★★ | 청소년 ★★★★

종이로 낼 수 있는 다양한 소리를 찾아 활용하는 놀이

종이를 매개체로 한 창의적인 소리 탐색 및 활용 놀이이다. 종이의 질감과 크기 그리고 조작 방법에 따라 다양한 음향을 연출하며 예술성을 키울 수 있다. 참여자들은 리더가 준비한 해설문에 어울리는 소리를 만들며 청각적 창의력을 기르고, 여럿이 다양한 소리를 만드는 과정에서 협동 작업의 가치와 재미를 느낀다.

준비물: 종이 여러 장, 해설문

놀이 Tip과 유의 사항

- 종이는 신문지, A4 용지 등 다양한 종류의 종이를 활용할 수 있고, 종이 대신 비닐을 활용하여 소리를 만들어도 좋다.
- 참여자들이 여러 소리가 연상되는 해설문을 직접 작성한 후 어울리는 소리를 만들 수도 있다.
- 해설문을 읽을 때 문장과 문장 사이에 충분한 시간을 두어 소리를 표현하고 느낄 수 있도록 한다.
- 해설에 어울리는 소리를 만들어 녹음한 후 다 함께 감상하는 시간을 가지면 더욱 좋다.

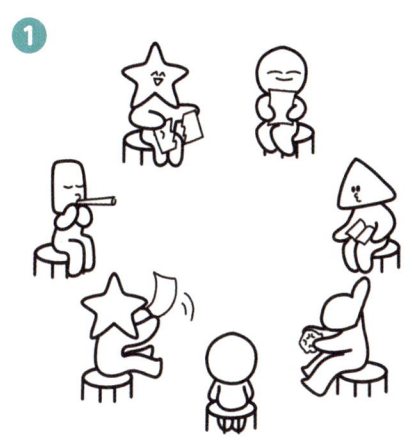

- 원 대형으로 앉아 종이를 1장씩 받는다. 종이로 낼 수 있는 다양한 소리를 만든다.

- 소리를 만들었다면 1명씩 차례대로 돌아가며 자신이 찾은 다양한 소리를 다른 참여자에게 들려준다.

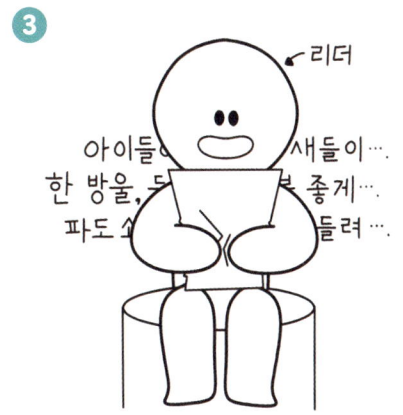

- 리더가 들려주는 해설문을 듣고, 종이로 해설에 어울리는 음향 효과를 만든다.

- 리더가 해설문을 읽으면 각자 해설문에 맞춰 만들어둔 소리를 낸다.

참여자 소감

"종이 한 장으로 만들 수 있는 소리가 이렇게 다양하다니 놀랐어요!"
"종이를 찢고, 문지르고, 흔들어서 만든 소리가 해설문과 어우러질 때 이야기가 살아나는 것 같았어요!"

⏱ 소요 시간: 15~20분

24 한밤의 결투

활동 영상 QR

유아 ★★ | 초등(저) ★★★★★ | 초등(고) ★★★★★ | 청소년 ★★★★★

ⓒ 연극하는 선생님

눈 가리고 상대를 찾아 결투하는 놀이

청각과 촉각을 극대화하여 종이 막대로 긴장감 넘치는 대결을 펼치는 놀이이다. 시각을 제한하고 다른 감각들에 집중하기 때문에 놀이 과정 내내 평소와는 다른 기분을 느끼게 된다. 또한 원 대형을 이루고 있는 참여자들도 결투를 펼치는 사람들에게 "삐삐삐삐!" 소리를 내며 놀이에 참여할 수 있어 재미와 긴장감을 함께 만드는 장점이 있다.

준비물: 안대 2개, 종이 막대 1개

놀이 Tip과 유의 사항

- 종이 막대를 너무 단단하게 만들지 않는다.
- 종이 막대를 위아래로 내리칠 때 과격하게 내리치거나 양옆으로 마구 휘두르지 않는다.
- 원 대형으로 앉아 있는 참여자들은 안대를 쓴 두 사람이 의자 근처로 오면 "삐삐삐삐!"라고 외쳐 경기장 경계라는 것을 알린다.

①

- 원 대형으로 의자에 앉고, 2명이 나와 종이 막대를 든 후 안대를 착용한다.

②

- 제자리에서 3회를 돌고 발소리에 집중하며 상대방을 찾아 돌아다닌다.

③

- 상대가 있을 것 같은 곳을 향해 종이 막대를 위아래로 내리치며 공격할 수 있다. 이때 종이 막대는 손목만을 이용해 휘두른다.

④

- 두 사람 중 먼저 정확히 상대를 공격한 사람이 승리한다.

참여자 소감

"눈을 가리고 상대방을 찾는 과정에서 청각과 촉각이 얼마나 중요한지 새삼 깨달았어요."
"안 보이는 상황에서도 집중하니까 더 세심한 감각의 변화를 느낄 수 있었어요."

⏱ 소요 시간: 15~20분

25 함께 그린 몽타주

활동 영상 QR

유아 ★★★★★ | 초등(저) ★★★★★ | 초등(고) ★★★★★ | 청소년 ★★★★★

서로 얼굴의 일부를 그린 뒤, 완성된 그림을 보고 누구인지 맞히는 놀이

상호작용을 통해 창의적으로 서로를 표현하는 공동 창작 놀이이다. 참여자들은 상대방의 얼굴을 그리면서 관찰력을 키울 수 있고, 다양한 사람과 교류하며 서로에 대한 이해와 함께 창의적인 표현력도 높일 수 있다. 여러 참여자의 공동 작업으로 완성된 자신의 몽타주를 보는 것이 이 놀이의 큰 재미이다.

준비물: 종이(참여자 수만큼), 필기도구

놀이 Tip과 유의 사항

- 처음에 얼굴형을 먼저 그리고, 이후에는 리더가 참여자들이 그릴 얼굴 부위(예: 눈, 코, 입, 눈썹, 머리카락, 귀 등)를 순서에 상관없이 자유롭게 제시한다.
- 시간에 제약이 있거나 참여자의 수가 적으면 리더는 얼굴 부위를 한 번에 두 군데씩 제시한다.
- 놀이 시작 전, 타인의 얼굴을 희화화하지 않을 것과 최선을 다해 그릴 것을 다짐한다.

▸ 리더는 모든 참여자에게 A4 용지 1장과 연필을 나눠 준다. 참여자들은 공간을 자유롭게 걷다가 리더가 "만나세요!"라고 하면 주위의 참여자 1명과 만난다.

▸ 서로 종이를 교환한 뒤, 받은 종이에 상대방의 얼굴형을 그린다. 다 그리면 종이를 다시 상대방에게 돌려준다.

▸ 다시 걷다가 리더의 신호에 맞춰 멈추고 새로운 참여자 1명과 만나 종이를 교환한 뒤, 리더가 말하는 얼굴 부위 한 곳을 그려준다.

▸ 앞선 과정을 반복하면서 참여자들의 몽타주가 완성되면 그림을 칠판에 붙이고 누구의 얼굴일지 알아맞힌다.

참여자 소감

"짧은 시간 안에 친구의 얼굴을 관찰해서 특징을 찾아내는 과정이 재밌었어요."
"여러 사람이 함께 완성한 몽타주를 보고 누군지 맞힐 때 웃음이 끊이지 않았어요!"

PART 2
체현

'체현' 연극놀이는 신체로 자기 감정과 생각을 표현하는 활동입니다. 참여자는 일정한 규칙이 있는 신체 활동을 통해 자기 표현과 기초적인 사회적 기술(약속, 협동, 배려, 경청 등)을 자연스럽게 익히게 됩니다. 이를 통해 참여자는 자신과 타인에 대한 이해를 높이고 정서적인 성장 및 사회적 유대감을 느낄 수 있습니다.

⏰ 소요 시간: 10~15분

26 거울과 사람

활동 영상 QR

유아 ★★★★★ | 초등(저) ★★★★★ | 초등(고) ★★★ | 청소년 ★★★

거울이 되어 앞에 있는 사람의 행동을 똑같이 따라 하는 놀이

비언어적 의사소통인 움직임에 중점을 둔 놀이이다. 다른 사람의 움직임을 정확히 모방하는 과정에서 집중력과 관찰력을 키울 수 있고, 말이 아닌 움직임으로 소통하는 경험을 하게 된다. 상대의 동작을 그대로 따라 하기만 하면 되기 때문에 표현에 부담을 느끼는 참여자도 쉽게 할 수 있다.

놀이 Tip과 유의 사항

- 다양한 음악에 맞춰 몸을 충분히 움직인 후 놀이를 시작하면 더 다채로운 움직임을 만들 수 있다.
- 공간이 협소할 경우, 한 사람의 동작을 여러 명이 제자리에서 따라 할 수 있다.
- 놀이가 익숙해지면 2명씩 나와 발표한 후 누가 거울인지도 맞혀본다.

❶

▸ 원 대형으로 서서 음악을 듣고 리듬에 맞춰 몸을 다양하게 움직인다.

❷

▸ 2명이 짝이 되어 A는 거울이 되고, B는 표현하는 사람이 된다.

❸

▸ B는 몸을 다양하게 움직인다.

❹

▸ A는 B의 움직임을 똑같이 따라 한다.

참여자 소감

"처음에는 상대의 움직임을 따라 하기가 쉽지 않았지만, 몸을 움직이는 게 재미있었어요."
"함께 호흡을 맞추면서 더 친해진 것 같아요."
"동작이 완전히 똑같아지는 순간이 몇 번 있었는데 그때 둘이 하나가 되는 기분이 들었어요."

⏰ 소요 시간: 10~15분

27 계란프라이

활동 영상 QR

| 유아 ★★★★★ | 초등(저) ★★★★★ | 초등(고) ★★★★ | 청소년 ★★★★ |

**계란 흰자와 노른자가 되어 술래의 신호에 따라
새로운 계란프라이를 만드는 놀이**

창의적인 상상력을 투영하여 손을 맞잡은 두 사람을 계란프라이의 흰자, 그 안에 들어간 한 사람을 계란프라이의 노른자로 비유하는 놀이이다. 술래의 신호를 듣고 재빨리 사람들과 의사소통하며 새로운 계란프라이를 만드는 과정에서 정신없이 움직이게 된다. 모두가 어색한 사이라도 이 놀이를 하고 나면 분위기를 부드럽게 만들 수 있다.

놀이 Tip과 유의 사항

- 술래를 제외한 참여자 수로 계란 노른자와 흰자 세트를 만들 수 없다면(3배수가 아닐 경우), 리더가 함께 참여하거나 술래를 2명으로 늘려서 놀이를 진행한다.
- 계란프라이를 만들 때마다 다양한 사람과 섞일 것을 안내한다.

❶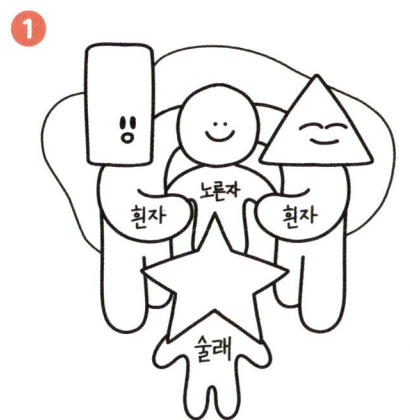
▸ 1명의 술래를 정한 후, 3명씩 한 모둠이 된다. 2명은 손을 마주 잡아 흰자가 되고 다른 1명은 그 안에 들어가 노른자가 된다.

❷
▸ 술래가 "노른자!"라고 외치면 노른자인 참여자들은 흰자에서 빠져나와 노른자가 없는 다른 흰자를 찾아서 그 안에 들어간다.

❸
▸ 술래가 "흰자!"라고 외치면 흰자인 참여자들은 잡았던 손을 놓고 다른 노른자를 찾아 새로운 사람과 흰자를 만든다.

❹
▸ 술래가 "계란프라이!"라고 외치면 모두가 흩어져 새로운 흰자와 노른자를 만든다. 2~4번을 반복하면서 홀로 남는 사람이 새로운 술래가 된다.

참여자 소감
"흰자와 노른자로 역할을 나누고, 빠르게 새로운 계란프라이를 만들면서 많은 친구들과 소통할 수 있었어요."
"놀이를 재미있게 하고 나니 몸과 마음의 긴장이 모두 풀린 것 같아요."

⏱ 소요 시간: 10~15분

28 고기잡이

활동 영상 QR

유아 ★★★★★ | 초등(저) ★★★★★ | 초등(고) ★★★★ | 청소년 ★★★

ⓒ 연극하는 선생님

물고기가 되어 그물을 피해 도망 다니는 놀이

참여자들을 쫓고 쫓기는 상황에 몰입시켜 즉각적인 반응을 극대화하는 놀이이다. 그물에 잡힌 물고기가 점차 그물을 넓히기 때문에 놀이가 진행될수록 긴장감이 올라가는데, 이 점이 큰 재미이다. 그물이 어디로 움직일지 실시간으로 전략적인 생각을 하게 되고 그물을 피하기 위한 자유로운 움직임을 경험할 수 있다.

놀이 Tip과 유의 사항

- 교실보다는 강당이나 운동장같이 넓은 곳에서 진행하는 것이 적합하다.
- 공간이 협소할 시 인원을 절반으로 나누어서 진행한다.
- 안전사고 방지를 위해, 그물의 크기가 커질수록 천천히 이동한다.
- 물고기를 잡을 때는 세게 때리지 않고 살짝 터치해야 한다.

▸ 참여자 중 1명은 그물이 되고, 다른 참여자들은 물고기가 된다.

▸ 물고기는 그물을 피해 도망 다니고, 그물은 돌아 다니면서 물고기를 손으로 터치하여 잡는다.

▸ 그물에 잡힌 물고기는 그물이 되어 가장 오른쪽에 붙고, 그만큼 그물의 크기가 커진다. 그물은 왼쪽 혹은 오른쪽 끝 손으로만 물고기를 잡는다.

▸ 물고기는 그물 사이로도 도망갈 수 있다. 최후에 물고기 2마리가 생존할 때까지 계속한다.

참여자 소감

"물고기가 되어 그물을 피하려고 계속 빠르게 움직이는 게 힘들었지만 재밌었어요."
"그물을 만들어 물고기를 잡을 때 친구들과 협동하는 것이 얼마나 중요한지 알 수 있었어요."

소요 시간: 10~15분

29 곰과 나무꾼

활동 영상 QR

유아 ★★★★★ | 초등(저) ★★★★★ | 초등(고) ★★ | 청소년 ★★

ⓒ 연극하는 선생님

죽은 척해서 곰의 습격을 피하는 놀이

숲속에서 우연히 곰을 만난 극적 긴장감 속에서 신체 움직임을 탐험하는 놀이이다. 참여자들은 곰을 만난 나무꾼들이 된다. 나무꾼들은 곰의 습격을 피해 꼼짝하지 않고, 작은 소리도 나지 않게, 숨을 죽이는 등 일상에서 해보지 않았던 행동을 하며 재미를 느낀다. 특히, 몸과 마음이 긴장된 날에 이 놀이를 하면 신나게 웃으면서 스트레스를 해소할 수 있다.

놀이 Tip과 유의 사항

- 충분한 공간을 확보하고 진행하여 안전사고에 유의한다.
- 나무꾼 역할에 더욱 몰입할 수 있도록 종이 막대 또는 백업제(충진용 스폰지) 등을 나무꾼의 도끼로 활용하면 좋다.
- 곰 역할을 맡고 싶어서 일부러 움직이고 소리 내는 참여자가 있는 경우, 놀이 밖에서 다른 참여자의 놀이 과정을 유심히 지켜보도록 안내한다.

- 모든 참여자는 나무꾼이 된다. 리더가 "나무를 베자!"라고 외치면 모두 나무 베는 동작을 한다.

- 리더가 "곰이 나타났다!"라고 외치면 참여자들은 모든 동작을 멈추고 바닥에 엎드려 죽은 척한다.

- 리더는 곰이 되어 나무꾼에게 다가가 말을 걸거나 재미난 표정을 지으며 움직이거나 소리를 내는 참여자를 찾는다.

- 움직이거나 소리를 내는 참여자는 다음 라운드부터 리더와 함께 '곰'이 된다. 리더는 최후의 나무꾼이 남을 때까지 1~3번의 과정을 반복한다.

참여자 소감

"혼자가 아니라 친구들이랑 함께 죽은 척 해서 곰을 속이는 게 재미있었어요!"
"어떻게 해야 죽은 것처럼 보일지 생각하다 보니 평소에 잘 하지 않는 동작을 해봤어요."

⏰ 소요 시간: 10~15분

30 너 이렇게 흔들 수 있어?

활동 영상 QR

유아 ★★★★★ | 초등(저) ★★★★★ | 초등(고) ★★★ | 청소년 ★★

다양한 신체 부위를 흔들며 우리 몸의 움직임을 느껴보는 놀이

자기표현의 한 방법으로 다양한 신체 부위를 흔들어보며 색다른 움직임을 탐색하는 놀이이다. 다른 사람들의 동작을 따라 하면서 자기 몸을 잘 이해할 수 있고, 신체 감각을 활성화하는 효과가 있다. 또한 놀이를 진행하면서 신체 부위의 개수, 조합, 속도를 다양하게 조정하면 놀이에 긴장감과 흥미를 더할 수 있다.

놀이 Tip과 유의 사항

- 놀이에 익숙해지면 신체 부위 두 군데를 각기 다른 속도로 제시한다(예: 너 왼팔은 빠르게, 오른 다리는 느리게 흔들 수 있어?).
- 어깨, 손, 머리, 팔, 엉덩이외 같은 큰 신체 부위 외에도 입술, 손가락, 눈꺼풀, 콧구멍과 같이 작은 신체 부위도 활용하면 더 재밌게 놀이할 수 있다.

❶

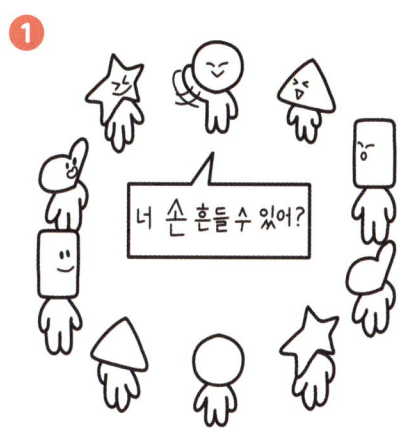

- 원 대형으로 서서 한 참여자가 "너 ○○ 흔들 수 있어?"라고 말하면서 해당 부위를 흔드는 시범을 보인다.

❷

- 다른 참여자들은 앞서 제시된 신체 부위를 다 함께 흔든다. 다음 참여자가 이어서 "너 ○○ 흔들 수 있어?"라고 말하며 시범을 보인다.

❸

- 놀이가 익숙해지면 속도 조건을 추가하여 말한다 (예: 너 왼 다리 빠르게 흔들 수 있어? 등).

❹

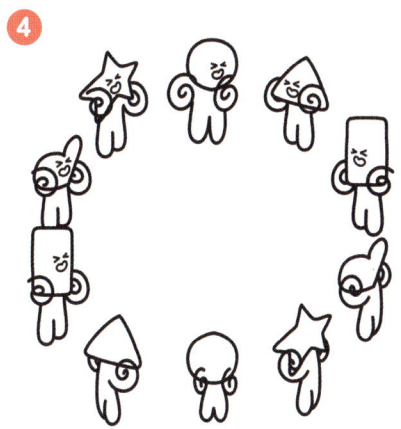

- 다른 참여자들은 속도에 변화를 주며 신체 부위를 함께 흔든다.

참여자 소감

"처음에는 몸을 자유롭게 움직이는 게 어색했지만, 하다 보니 점점 제 몸의 여기저기를 흔들고 있었어요!"

"제가 몸을 흔드는 것을 친구들이 따라 하니까 웃기고 즐거웠어요."

"신체 부위를 여기저기 흔들다 보니 제 몸 하나하나가 살아있는 것처럼 느껴졌어요."

🕐 소요 시간: 10~15분

31 높낮이 바꾸기

활동 영상 QR

유아 ★★★★ | 초등(저) ★★★★★ | 초등(고) ★★★★ | 청소년 ★★★

ⓒ연극하는 선생님

서로의 신체 높낮이를 관찰하고 그에 따라 자신의 신체 높낮이를 바꾸는 놀이

상대방의 신체 높낮이를 탐색하며 공간 인식과 창의적 표현력을 기르는 놀이이다. 서로 다른 높낮이로 움직임을 만드는 과정에서 예상하지 못한 동작들이 나오는 게 이 놀이의 큰 재미 요소이다. 참여자들이 상대방의 신체 언어를 세심하게 관찰하며, 서로의 다양한 표현을 인정하고 존중하는 분위기를 만드는 것도 이 놀이의 장점이다.

놀이 Tip과 유의 사항

- 놀이 시작 전 다 함께 '최대한 몸을 위로 늘려보기', '바닥에 앉기'와 같은 동작으로 다양한 높낮이를 표현해보는 것이 좋다.
- 속도에 변화(빠르고, 느리게)를 주면서 높낮이를 변화시키면 더 재미있게 놀이할 수 있다.
- 놀이에 익숙해지면 두 참여자가 마치 한 몸인 것처럼 이어가며 표현해본다.

・2명이 짝이 되어 A, B 순서를 정한다.

・A는 높게, 중간, 낮게 중 1가지 높낮이를 선택하여 그 높낮이에 어울리는 몸짓을 만든다.

・B는 A의 몸짓을 관찰하여 높낮이를 추측한 후, A와 다른 높낮이를 선택하여 그 높낮이에 어울리는 몸짓을 만든다.

・다시 A는 B와 다른 높낮이를 선택하여 그 높낮이에 어울리는 몸짓을 만든다. 이 과정을 연속적으로 표현한다.

참여자 소감

"몸으로 다양한 높이에 어울리는 움직임을 해볼 수 있어서 좋았어요. 그리고 서로 말을 하지 않고도 소통이 돼서 신기했어요."

"몸의 높낮이를 다양하게 바꾸니까 생각하지도 못한 멋진 동작들이 나와 깜짝 놀랐어요."

소요 시간: 10~15분

32 대감과 노비

활동 영상 QR

유아 ★★★ | 초등(저) ★★★★★ | 초등(고) ★★★★★ | 청소년 ★★★★★

ⓒ연극하는 선생님

노비는 탈출을 시도하고, 대감은 노비의 탈출을 막는 놀이

조선시대 사회 구조를 모티브로 삼아 대감과 노비 사이 계층 간의 갈등 상황을 다룬 놀이이다. 참여자들은 탈출을 시도하는 노비와 이를 막으려는 대감이 되어 관찰력과 순발력을 바탕으로 재빠르게 움직인다. 윙크를 통해 비밀스러운 신호를 교환하는 것이 이 놀이의 묘미로, 웃음과 즐거움이 끊이지 않는 소통의 재미를 느낄 수 있다.

준비물: 의자(참여자 수의 1/2 + 1)

놀이 Tip과 유의 사항

- A(대감)는 B(노비)가 이동하려고 할 때 한 손으로만 노비를 칠 수 있고, 칠 때는 어깨를 살짝만 건드린다.
- 술래는 다른 사람들이 웃고 있거나 소란스러운 순간을 놓치지 않고 다른 노비에게 윙크를 보내야 데려오기 수월하다.
- 참여자 수가 짝수일 경우, 리더도 놀이에 참여하거나 술래를 2명으로 늘려서 진행한다.

❶

‣ 원 대형으로 의자를 놓고 1명의 술래를 정한다. 술래는 빈 의자 뒤에 차렷 자세로 선다.

❷

‣ 다른 참여자는 2명씩 짝이 되어 A는 대감이 되고 B는 노비가 된다. A는 B가 앉은 의자 뒤에 차렷 자세로 서고 B는 의자에 앉는다.

❸

‣ 술래는 B들 중 1명에게 윙크를 보낸다. 윙크를 받은 B는 자리에서 일어나 술래 앞 빈 의자로 이동한다.

❹

‣ 이때 A가 B를 터치하면 B는 제자리로 돌아가고, B가 술래에게 가는 걸 A가 잡지 못하면 그 사람이 술래가 된다.

참여자 소감

"대감일 때 제 앞의 노비가 언제 탈출할지 몰라 많이 긴장됐고, 노비였을 때는 윙크를 받는 설렘이 있어서 재미있었어요."

"놀이를 통해 사회적 지위 변화를 체험할 수 있는 독특한 경험이었어요."

소요 시간: 10~15분

33 독수리와 원숭이

활동 영상 QR

유아 ★★★★ | 초등(저) ★★★★★ | 초등(고) ★★★★ | 청소년 ★★★

독수리에게 쫓겨 바나나가 된 원숭이를 구출하는 놀이

전통적인 술래잡기 방식에 독수리 역할과 원숭이 역할, '바나나 벗기기'라는 상황 설정을 더한 놀이이다. 참여자들은 쫓고 쫓기는 과정에서 자연스럽게 전략적 사고를 키울 수 있고, 바나나가 된 원숭이를 구하면서 협동의 중요성을 경험한다. 끊임없이 움직이는 놀이이기 때문에 활동적인 분위기를 만들 때 매우 좋다.

준비물: 술래를 구분할 물건 1개

놀이 Tip과 유의 사항

- 원숭이가 "바나나!"라고 외치고 정지하면 독수리는 더 이상 그 원숭이를 잡을 수 없다.
- 독수리(술래)가 계속 바뀌기 때문에 술래를 구분할 수 있는 물건(예: 팀 조끼, 배턴 등)을 활용한다.
- 교실보다는 강당이나 운동장같이 넓은 곳에서 진행하는 것이 적합하며, 공간이 협소할 시 인원을 절반으로 나누어서 진행한다.

▸ 술래 1명은 독수리, 다른 참여자는 원숭이가 된다. 원숭이는 독수리를 피해 도망치고 독수리는 원숭이를 쫓는다.

▸ 독수리는 원숭이를 터치하여 잡을 수 있고, 잡힌 원숭이는 새로운 독수리가 된다. 이때 기존 독수리는 원숭이가 된다.

▸ 원숭이는 독수리에게 잡힐 것 같을 때 "바나나!"라고 외치며 양손을 머리 위로 올려 바나나 모양을 만들고 멈춘다.

▸ 두 원숭이가 바나나의 양팔을 동시에 살짝 내리며 "맛있겠다!"라고 외치면 바나나는 다시 원숭이가 되어 돌아다닌다.

참여자 소감

"원숭이로 돌아다니다가 독수리한테 잡히기 전에 바나나 모양을 만드는 게 너무 재미있었어요!"
"바나나로 변한 친구를 원숭이로 살리는 과정에서 자연스럽게 친구들과 협동할 수 있었어요."

🕐 소요 시간: 20~25분

34 따로 또 같이

도움자료 QR

활동 영상 QR

유아 ★★★★★ | 초등(저) ★★★★★ | 초등(고) ★★★ | 청소년 ★★★

ⓒ연극하는 선생님

순간적으로 협동심을 발휘하여 주어진 주제를 몸으로 표현하는 놀이

리더의 신호에 맞춰 참여자들이 신체를 활용해 상상력을 펼치고 창의적으로 소통하는 놀이이다. 점점 더 많은 사람과 함께 주제를 몸으로 표현하는 과정에서 협력과 조화를 경험할 수 있다. 모둠별로 같은 주제를 서로 다르게 표현하는 것을 보고 이야기 나누며, 참여자 간의 유대감을 키우는 장점이 있다.

놀이 Tip과 유의 사항

- 공간을 자유롭게 걸을 때 리더가 리듬악기를 치거나 음악을 틀면 참여자들이 다양한 속도로 걸을 수 있어 더욱 즐겁게 놀이에 참여할 수 있다.
- 제시어를 표현할 때 말과 몸짓뿐만 아니라 그에 어울리는 소리도 만들어 표현할 수 있다.
- 모둠을 만들 때마다 새로운 사람과 만나는 것이 중요하다.

▸ 모든 참여자는 공간을 자유롭게 걷는다.

▸ 리더가 외치는 숫자에 따라서 혼자 혹은 여럿이 모인다.

▸ 참여자들이 놀이에 익숙해지면 리더는 참여자들이 몸으로 표현할 제시어(예: 하나-새싹, 셋-선풍기, 넷-악어)를 말한다.

▸ 참여자는 리더가 말한 주제를 혼자 또는 모둠원과 함께 몸짓과 소리로 표현한다.

참여자 소감

"같은 주제를 각자 다른 방식으로 표현하는 것을 보면서, 친구들의 다양한 생각을 알 수 있었어요."
"소극적인 제가 어색함을 잊고 친구들과 함께 신체 표현을 했다는 게 신기해요."
"친구들과 함께하니까 혼자 표현하는 것보다 더 재미있고 멋지게 표현할 수 있어 좋았어요."

⏰ 소요 시간: 10~15분

35 박수 전달하기

활동 영상 QR

유아 ★★★★★ | 초등(저) ★★★★★ | 초등(고) ★★★★★ | 청소년 ★★★★★

자연스러운 박자로 흐름이 끊기지 않게 박수를 전달하는 놀이

집중력과 리듬감 그리고 비언어적 의사소통에 중점을 둔 놀이이다. 참여자들은 박수를 통한 소통과 놀이의 긴장감을 즐길 수 있다. 박수를 2번 치거나 이름을 부르며 박수를 치는 것과 같이 규칙이 추가될수록 더 큰 집중력을 발휘해야 한다. 서로가 어색한 상황에서 특별한 준비물 없이도 모임에 활기를 불어넣을 수 있다.

준비물: 의자(참여자 수만큼)

놀이 Tip과 유의 사항

- 박수를 전달할 때는 상대방의 얼굴을 바라본다.
- 기본적인 규칙에 익숙해지면 멀리 떨어져 있는 사람의 이름을 부르면서 박수 치는 '이름 박수'를 추가한다(예: 이름이 불린 사람이 박수 칠 순서가 된다).
- 최후에 남는 사람의 수는 인원에 따라 조절한다(예: 전체 인원수가 20명 이하일 때는 2명, 그 이상일 때는 3~4명 등).

- 원 대형으로 서서 박수 전달을 시작할 참여자를 정한다. 시작하는 참여자는 왼쪽 또는 오른쪽으로 박수를 전달한다.

- 박수를 전달받은 참여자는 다시 왼쪽 또는 오른쪽으로 박수를 전달한다.

- 놀이가 익숙해졌을 때 박수를 2번 치면 '1명 건너뛰기' 규칙을 추가하여 '왼쪽, 오른쪽, 건너뛰기'로 박수를 전달한다.

- 자기 차례일 때 박수 치지 않거나 잘못된 박수를 치면 탈락하여 자리에 앉는다. 최후의 3명이 남을 때까지 놀이를 계속한다.

참여자 소감

"처음에는 단순한 박수 놀이로만 생각했는데, 실제로 해보니 리듬감과 집중력이 중요하다는 걸 깨달았어요."

"친구들이 모두 집중해서 박수가 끊이지 않았을 때 다 함께 "와!" 하며 감탄했던 순간이 기억에 남아요."

소요 시간: 10~15분

36 비빔밥

활동 영상 QR

유아 ★★★★★ | 초등(저) ★★★★★ | 초등(고) ★★★★★ | 청소년 ★★★★

ⓒ 연극하는 선생님

술래가 비빔밥 재료를 외치면 이에 해당하는 참여자가 일어나서 다른 자리를 찾아가는 놀이

한국 전통 음식인 비빔밥의 '섞다'라는 개념을 모티브로 삼아 참여자들을 정신없이 마구 섞는 놀이이다. 흥미로운 점은 술래가 재료를 외쳤을 때, 해당 재료의 역할을 맡은 참여자들이 급하게 자리를 바꿔야 한다는 것이다. 그 과정에서 참여자들은 주의력과 신체 반응 속도를 키울 수 있으며, 평소 친하지 않던 사람과도 자연스럽게 섞여 앉게 된다.

준비물: 의자(참여자 수만큼)

놀이 Tip과 유의 사항

- 의자를 준비하기 어려운 경우, 마스킹 테이프로 자리를 표시하면 의자 없이도 빈 자리를 찾아 들어갈 수 있다.
- 놀이 규칙에 익숙해지면 술래는 2가지 재료를 한 번에 외친다(예: "호박과 계란", "고추장과 콩나물" 등).
- 인원수가 많으면 비빔밥 재료의 수를 5~6가지로 늘려서 놀이를 진행한다.

- 원 대형으로 의자에 앉는다. 참여자들과 비빔밥에 들어갈 3~4가지 재료(예: 밥, 콩나물, 고추장, 계란 등)를 다 함께 정한다.

- 리더는 참여자들에게 차례대로 앞서 정한 비빔밥 재료 역할을 부여한다. 술래를 정한 뒤, 술래가 앉았던 의자를 뺀다.

- 술래가 원 중앙에서 참여자들이 정한 재료 중 1가지를 외치면 그 역할인 사람들은 자리를 바꾼다. 이때 술래도 빈자리에 앉는다.

- 빈자리에 앉지 못하고 남는 사람이 다음번 술래가 된다. 술래가 "비빔밥!"이라고 외치면 모두가 일어나 자리를 바꾼다.

참여자 소감

"간단한 자리 바꾸기인데도 의외로 전략적인 생각을 많이 해서 재밌었어요."
"빨리 자리를 찾아 앉으려는 긴장감과, 술래였을 때 비빔밥 재료를 외치는 설렘이 계속 기억에 남아요."

⏱ 소요 시간: 10~15분

37 사람과 사람

활동 영상 QR

유아 ★★★★ | 초등(저) ★★★★★ | 초등(고) ★★★★ | 청소년 ★★★★

리더가 제시하는 신체 부위를 서로 붙이는 놀이

참여자 간의 긴밀한 소통과 협동을 이끌어내는 신체 접촉 놀이이다. 두 사람이 짝이 되어 리더의 지시에 따라 서로 다른 신체 부위를 접촉하면서 신체 협응력과 창의력을 키울 수 있다. "사람과 사람!"이라고 외칠 때마다 끊임없이 짝이 바뀌고, 때로는 재치 있는 자세가 나오기도 한다.

놀이 Tip과 유의 사항

- 신체 부위를 연결할 때 다치지 않도록 부드럽게 움직이고, 상대방의 신체 움직임에 한계가 있음을 고려한다.
- 음악에 맞춰서 신체 부위를 연결하거나, 음악이 멈출 때마다 연결된 신체 부위를 바꾸는 식의 규칙을 추가로 정할 수 있다.
- 처음에는 서로 연결하기 쉬운 부위를 제시하고 점차 평소 잘 사용하지 않는 신체 부위를 제시하여 다양한 몸짓이 나오도록 진행한다.

①

- 2명이 짝이 되어 A, B 순서를 정한다.

②

- 예를 들어, 리더가 "손바닥과 검지!"라고 외치면 A는 앞부분(손바닥), B는 뒷부분(검지)의 신체 부위를 서로 연결한다.

③

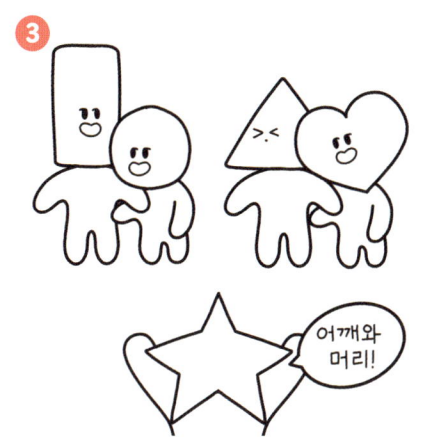

- 리더가 새로운 신체 부위 2곳을 말하면 기존에 연결했던 신체 부위를 떼고 새롭게 연결한다.

④

- 리더가 "사람과 사람!"이라고 외치면 주변에 다른 사람과 만나 새롭게 2명이 짝을 만든다.

참여자 소감

"신체 부위를 연결하면서 새로운 방식으로 다른 사람과 만날 수 있어서 좋았어요."
"처음에는 어색했는데 몸을 맞대며 놀이하고 나니 친구들과 더 가까워진 느낌이 들어요."

⏱ 소요 시간: 10~15분

38 사운드 인터랙션

활동 영상 QR

유아 ★★★★ | 초등(저) ★★★★★ | 초등(고) ★★ | 청소년 ★★

ⓒ연극하는 선생님

다양한 소리(반응)에 맞춰 표정 및 신체로 표현(재반응)하는 놀이

청각적 신호를 듣고 자신의 몸을 활용해 시각적 신호로 바꿔 표현하는 놀이이다. 참여자들은 소리를 매개로 상호작용하기 때문에 상상력을 자극하고 창의적 표현력을 키울 수 있다. 특히 참여자들은 자신이 낸 다양한 소리를 상대방이 표정과 몸짓으로 표현하는 것을 보며 큰 재미를 느낀다.

놀이 Tip과 유의 사항

- 소리를 내는 사람은 중간에 새로운 소리를 낼 수 있다.
- 놀이 시작 전 리더가 참여자들에게 다양한 소리(예: 파도 소리, 경보음, 종소리 등)를 들려주고 어떤 이미지가 떠오르는지 이야기를 나눈다. 이후, 각자 떠올린 이미지를 몸짓으로 표현해본다.

- 2명이 짝이 되어 A는 소리 내는 사람, B는 이미지를 표현하는 사람이 되어 서로 마주 보고 선다.

- A가 B에게 다양한 소리를 내면 B는 그 소리를 듣고 떠오르는 이미지를 표정과 몸짓으로 표현한다.

- A는 어떤 소리든 만들 수 있고 소리의 크기를 다양하게 바꿀 수도 있다.

- B는 소리의 변화(예: 속도, 크기 등)에 다양하게 반응하며 A가 내는 소리를 표정과 몸짓으로 표현한다.

참여자 소감

"다른 사람의 소리에 집중하고, 그 소리를 표현하는 과정에서 내 상상력이 얼마나 다양한지 깨달았어요."

"제가 내는 소리를 듣고 친구가 바로 몸으로 표현하는 모습이 정말 흥미로웠어요."

소요 시간: 15~20분

39 상어가 나타났다!

활동 영상 QR

유아 ★★★★★ | 초등(저) ★★★★★ | 초등(고) ★★★★ | 청소년 ★★★★

바다에서 수영을 하다가 육지로 올라와 상어를 피하는 놀이

상상과 변형을 통해 현재 있는 장소와 공간을 마치 바다인 것처럼 상상하며 상어를 피하는 놀이이다. 참여자들은 상어가 나타날 때마다 발생하는 긴박한 상황과 그 안에서 다른 사람들과 협력하여 문제를 해결하는 과정을 즐긴다. 놀이의 효과로는 즉각적인 상황 판단 능력, 순발력, 협동심을 키울 수 있다.

준비물: 원마커 10개

놀이 Tip과 유의 사항

- 리더가 상어를 맡아 상어 흉내를 내거나 영화 〈죠스〉에 나오는 음악 등을 사용하면 더 재미있게 놀이할 수 있다.
- 원마커의 수가 줄어도 함께 육지에 올라가 살아남을 수 있음을 안내하여 참여자 간의 협력을 유도한다.
- 원마커가 없을 경우, 8절지와 같은 종이를 사용할 수 있다. 다만, 종이의 경우 찢어지거나 미끄러져서 넘어질 수 있으므로 안전에 유의한다.

❶
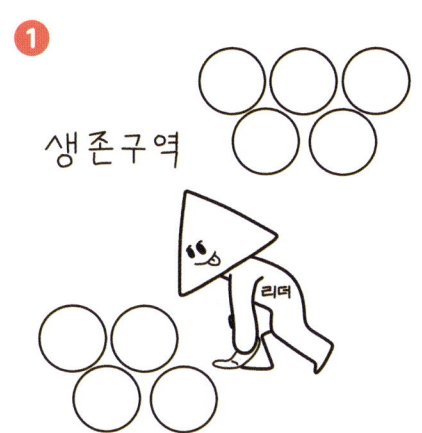

생존구역

▸ 리더는 원마커 10개를 5개씩 나누어 2곳에 겹치지 않도록 모아 내려놓는다. 원마커 위는 생존 구역이 된다.

❷

▸ 참여자들은 노래 또는 리듬에 맞춰 원마커를 밟지 않고 공간을 돌아다닌다.

❸

▸ 리더가 "상어가 나타났다!"라고 말하면 참여자들은 원마커 위에 올라간다. 원마커 1개에 여러 명이 올라갈 수 있다.

❹
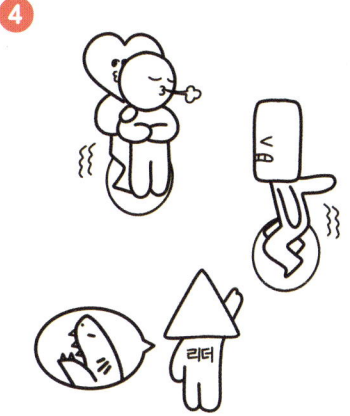

▸ 제한 시간 안에 원마커 위로 올라가지 못한 참여자들은 탈락한다. 놀이가 진행될수록 원마커 수는 줄어든다.

참여자 소감

"바다에서 수영하는 상상을 하면서 자유롭게 움직일 수 있어 즐거웠어요!"
"육지가 점점 줄어들어서 친구들과 바다에 빠지지 않으려고 원마커에 같이 올라가는 게 재밌었어요."

소요 시간: 20~25분

40 선들의 움직임

다양한 선 QR

활동 영상 QR

유아 ★★ | 초등(저) ★★★★★ | 초등(고) ★★★★★ | 청소년 ★★★

ⓒ 연극하는 선생님

다양한 선을 관찰한 뒤, 선에서 느껴지는 이미지를 몸으로 표현하고 이를 맞히는 놀이

선을 보았을 때 느껴지는 추상적 이미지를 눈에 보이는 이미지로 구체화하는 놀이이다. 참여자들은 리더의 지시에 따라 개별 또는 모둠으로 작업하여 다양한 움직임을 만드는, 창작의 즐거움을 경험한다. 이 과정에서 참여자들은 선이 주는 리듬과 이미지를 신체 언어로 해석하고, 자신만의 독특한 표현 방식을 발견할 수 있다.

준비물: 다양한 선이 그려진 종이 또는 그림 파일

놀이 Tip과 유의 사항

- 놀이 시작 전, 다양한 종류의 선을 공유한 후 선에서 느껴지는 느낌과 이미지에 관해 이야기 나눈다.
- 참여자가 직접 그린 다양한 선을 활용할 수도 있다.
- 모둠이 모여 선에서 느껴지는 느낌이나 이미지를 표현할 때, 움직임에만 집중할 수 있도록 소리는 넣지 않는다.

▸ 리더는 다양한 선(예: 지그재그, 직선, 곡선 등)을 제시한다. 참여자는 리더가 제시하는 '선'을 손가락으로 따라 그린다.

▸ 참여자들은 리더가 제시하는 선을 관찰한 후, 선에서 느껴지는 느낌 또는 이미지를 공간을 돌아다니며 움직임으로 표현한다.

▸ 일정 시간이 지나면 3명이 한 모둠이 되어 여러 가지 선 중 1개를 선택하여 선에서 느껴지는 느낌 또는 이미지를 어떻게 정할지 의논한다.

▸ 선의 느낌 또는 이미지를 반복되는 리듬의 몸짓이나 하나의 정지 동작으로 만들어서 표현한다.

참여자 소감

"처음에는 선이라는 단순한 것으로 어떻게 연극적인 표현을 할지 의아했는데 막상 해보니 제 몸이 하나의 붓이 된 것 같았어요."

"선에서 느껴지는 감정과 이미지를 걸음으로 자유롭게 표현한 것 같았어요."

⏰ 소요 시간: 15~20분

41 신체 엘리베이터

활동 영상 QR

유아 ★★★★★ | 초등(저) ★★★★★ | 초등(고) ★★★ | 청소년 ★★

리더가 제시하는 층수에 어울리게 신체 높낮이 표현에 변화를 주는 놀이

다양한 층의 개념을 신체 동작으로 표현하며 공간 인식과 신체 움직임을 동시에 다루는 놀이이다. 참여자들은 각 층수를 상징하는 동작을 창작하면서 평소에 자주 사용하지 않던 상하 움직임에 집중하게 된다. 또한 리더가 무작위로 층수를 변경함에 따라 급히 동작을 바꾸는 과정에서 웃음을 자아내고 공동체의 활기가 높아지는 효과가 있다.

놀이 Tip과 유의 사항

- 참여자 나이에 따라 층수를 조절하며 놀이 난이도를 조절한다.
- 놀이가 익숙해지면 참여자를 두 팀으로 나눈 후, 각 팀이 마주 본 상태에서 리더가 상대 팀에 서로 다른 층수를 제시(예: A팀 1층, B팀 옥상)하는 놀이로 변형하여 진행한다.

1

- 원 대형으로 서서 지하, 1층, 2층, 3층, 옥상에 어울리는 몸짓을 각자 만들어본다.

2

- 다양한 표현 중에서 층수에 어울리는 몸짓(예: 지하는 눕기, 2층 무릎 꿇기, 옥상은 점프 뛰기 등)을 다 함께 정한다.

3

- 리더가 층수를 말하면 참여자들은 그 층수에 해당하는 몸짓을 표현한다.

4

- 리더가 층수를 바꾸면 참여자들도 그에 따라 몸짓을 바꾼다.

참여자 소감

"층수의 높낮이를 몸으로 표현하면서 친구들과 많이 웃을 수 있었어요."
"평소에는 생각하지 않았던 공간과 우리 몸의 관계에 대해 생각해보고 몸소 느낄 수 있었어요."
"여러 번 진행하다 보니 '높음'을 표현할 때도 '아주 높음', '조금 높음'처럼 미세한 차이가 있다는 것을 알게 되었어요."

소요 시간: 10~15분

42 신호등

활동 영상 QR

유아 ★★★★★ | 초등(저) ★★★★★ | 초등(고) ★★★★ | 청소년 ★★★★

리더가 제시하는 신호등 규칙 신호에 따라 다양하게 움직이는 놀이

도로의 교통 규칙을 활용하여 참여자들이 신호에 따른 다양한 신체 움직임을 수행하는 놀이이다. 참여자들은 리더의 지시에 즉각적으로 반응하며 개인의 신체 조절 능력은 물론, 다수가 존재한 곳의 공간 인식 능력 또한 키울 수 있다. 규칙과 속도에 무한한 변화를 줄 수 있어 모든 나이대가 즐길 수 있다는 점이 큰 장점이다.

놀이 Tip과 유의 사항

- 신호등 규칙에 속도를 넣어 다양한 변화를 주면 참여자가 더 재미있게 놀이할 수 있다(예: 녹색불 - 빠르게, 노란불 - 느리게 등).
- 놀이에 익숙해지면 신호등 규칙을 바꿔서 진행힌다(예: 빨간불일 때는 걷기, 녹색불일 때는 멈추기, 노란불일 때는 자리에 앉기 등).

①

- 참여자는 놀이 공간을 자유롭게 걷는다. 리더는 참여자들이 한쪽으로 몰려다니지 않고 빈 곳을 채워가며 걷도록 안내한다.

②

- 리더는 참여자와 신호등 색깔 규칙(예: '녹색불 - 걷기', '노란불 - 점프하며 박수', '빨간불 - 멈추기' 등)을 정한다.

③

- 참여자들은 리더가 외치는 색깔 규칙에 따라 공간을 돌아다닌다.

④

- 놀이가 익숙해지면 리더는 움직이는 속도를 조절하는 말(예: '초록불 - 빠르게', '초록불 - 느리게' 등)도 추가하여 제시한다.

참여자 소감

"예측할 수 없게 신호가 바뀔 때마다 그에 맞춰 신체 표현을 하는 것이 참 재미있었어요."
"엉뚱한 동작을 하지 않으려다 보니 저의 집중력과 반응 속도가 좋아진 것 같아요!"

⏱ 소요 시간: 15~20분

43 우리는 곡예사

활동 영상 QR

유아 ★★★★★ | 초등(저) ★★★★★ | 초등(고) ★★★ | 청소년 ★★★

ⓒ 연극하는 선생님

모둠이 힘을 합쳐 리더가 제시한 조건에 맞는 신체 표현을 하는 놀이

공동의 목표를 달성하기 위해 신체를 사용하는 창의적인 방법을 탐구하고 협력하는 놀이이다. 참여자들은 제한된 조건 내에서 가능한 한 안정적인 자세를 찾아야 하는데, 이 과정에서 신체적 한계를 이해하고 유연성과 균형 감각을 시험해볼 수 있다. 때로는 웃음이 가득하고, 서로의 아이디어를 나누면서, 서로 돈독해지는 모습을 볼 수 있다.

놀이 Tip과 유의 사항

- 놀이 초반에는 간단하고 쉬운 도전 거리를 제시한 후 점차 어려운 도전으로 나아간다.
- 놀이에 익숙해지면 제한 시간을 줄여가며 진행한다.
- 참여자 나이에 따라 불필요한 신체 접속을 피하기 위해 동성끼리 모둠을 구성하는 것이 좋다.

▸ 4명이 한 모둠을 만들어 앉는다.

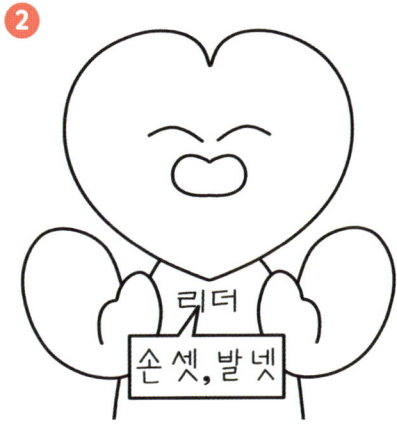

▸ 리더는 모둠원 전체를 합하여 바닥에 닿을 수 있는 신체 부위의 개수(예: 발 7개, 손 3개, 발 4개 등)를 제시한다.

▸ 참여자들은 모둠원과 상의하여 정해진 시간 안에 리더가 제시한 신체 부위만 바닥에 닿도록 한 후 정지한다.

▸ 리더는 모둠원의 정지 동작을 차례대로 살펴보며 지면에 닿은 전체 신체 부위 수가 자신이 제시한 수와 맞는지 확인한다.

참여자 소감

"제한된 조건에 맞추기 위해 친구들이 점점 더 창의적인 다양한 포즈를 제안해서 놀랐어요."
"하다 보니 서로에 대한 믿음이 생겼고, 성공했을 때의 성취감이 짜릿했어요!"

⏱ 소요 시간: 15~20분

44 웃겨라, 장풍 대작전

활동 영상 QR

유아 ★★★★ | 초등(저) ★★★★★ | 초등(고) ★★ | 청소년 ★

자신만의 장풍을 만들어 여러 사람에게 웃음을 선사하는 놀이

참여자의 상상력과 재치에 즉흥적인 표현력을 더한 놀이이다. 참여자들은 자신만의 기발한 장풍을 선보이며 즐거움을 느끼고, 다른 사람의 장풍을 보며 웃음을 터뜨린다. 또한 웃음을 참는 것이 목표인 만큼 자신의 표정을 관리하는 재미도 있다. 이 과정에서 개성이 담긴 창의적 표현력을 키울 수 있고, 웃음을 통한 스트레스 해소에도 도움이 된다.

놀이 Tip과 유의 사항

- 나만의 장풍 만들기를 할 때 다양한 표정과 과장된 몸짓을 사용하고, 구음을 활용해 재미있는 소리를 곁들이면 더욱 즐겁게 놀이할 수 있다.
- 장풍을 쏘는 중간에 슬로모션을 섞어서 표현하면 과장된 몸짓과 표정을 드러낼 수 있다.
- 놀이에 익숙해시면 리너가 장풍 쏘는 속도(예: 매우 빠르게, 빠르게, 보통, 느리게, 아주 느리게 등)를 다양하게 제시하여 다채로운 장풍이 나오도록 한다.

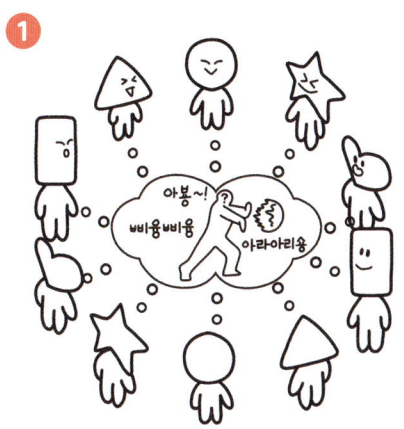

▸ 원 대형으로 서서 많은 사람에게 웃음을 줄 수 있는 나만의 '웃음 장풍'을 만든다. 이때 다양한 몸짓과 소리를 이용한다.

▸ 놀이를 처음 시작할 참여자를 정한다. 시작하는 참여자는 자신이 만든 '웃음 장풍'을 사람들을 향해 쏜다.

▸ 모든 참여자가 돌아가며 '웃음 장풍'을 선보인다.

▸ 많은 사람에게 웃음을 준 장풍 고수들을 뽑는다. 고수들은 원 안에서 다시 한번 자신들의 '웃음 장풍'을 함께 선보인다.

참여자 소감

"친구들의 기발하고 재밌는 장풍을 보는 것만으로도 너무 웃겼어요!"

"친구들을 웃기려고 평소에 잘 하지 않던 몸짓과 표정을 많이 시도해봤어요."

"친구들이 제 장풍을 보고 웃었을 때 정말 기분이 좋고 신났어요."

⏰ 소요 시간: 10~15분

45 으악! 날 구해줘!

활동 영상 QR

유아 ★★★★★ | 초등(저) ★★★★★ | 초등(고) ★★★★ | 청소년 ★★★★

ⓒ연극하는 선생님

리더가 말하는 숫자에 해당하는 사람이 쓰러지면 주변 사람들이 구하는 놀이

예측 불가능한 상황에 대응하여 빠른 반응으로 쓰러지는 사람을 구하는 놀이이다. 참여자들은 자신이 선택한 숫자가 불리는 순간의 놀람과 긴장, 그리고 쓰러지면서 다른 참여자의 도움을 받는 상호작용의 묘미를 느낄 수 있다. 무엇보다 쓰러지는 참여자들의 드라마틱한 연기력이 큰 웃음을 유발한다.

놀이 Tip과 유의 사항

- 쓰러질 때 '으악' 소리를 크게 내면서 천천히 쓰러져야 주변에서 터치해줄 시간을 확보할 수 있다.
- 쓰러지는 사람의 수가 많을수록 더 재미있어지므로 놀이에 익숙해지면 술래가 쓰러질 숫자를 2~3개 늘려서 말한다.
- 참여자 수에 따라 술래는 참여자들이 부여할 숫자의 범위를 조설한다(예: 10명 이하일 경우 1~3번, 11~20명일 경우 1~5번, 21~30명 1~7번 등).

1

- 모든 참여자는 각자 마음속으로 1번에서 5번까지의 숫자 가운데 하나를 정한다. 놀이 중간에 숫자를 바꿀 수 있으나 암묵적으로만 허용한다.

2

- 1명의 술래를 정하고, 참여자들은 공간을 자유롭게 걸어 다닌다. 술래는 1부터 5까지 숫자 중 하나를 외친다.

3

- 술래가 말한 숫자가 자신이 마음속으로 정한 숫자와 일치하면 "으악!"이라고 소리 지르며 아주 느리게 쓰러진다.

4

- 주변의 참여자들이 쓰러지는 참여자를 터치하면 그 사람은 살아나며, 다 쓰러질 때까지 아무도 터치하지 않으면 놀이에서 탈락한다.

참여자 소감

"누군가가 숫자를 외칠 때마다 제가 정한 숫자가 나올까 봐 조마조마하면서 긴장감이 넘쳤어요."
"서로를 믿고 의지하면서 구해주는 경험을 하니 사이가 더 가까워진 것 같아요!"

⏱ 소요 시간: 10~15분

46 의자 지키기

활동 영상 QR

유아 ★★★★★ | 초등(저) ★★★★★ | 초등(고) ★★★★★ | 청소년 ★★★★★

정해진 시간 동안 술래가 의자에 앉지 못하게 의자를 바꿔 앉는 놀이

전략적 사고와 빠른 움직임이 핵심인 놀이이다. 참여자들은 리더가 의자에 앉는 것을 막기 위해 상대방(리더)의 움직임을 예측하는 능력 및 의사소통과 협력의 중요성을 알게 된다. 또한 의자를 성공적으로 지켰을 때 큰 성취감과 즐거움을 느낀다. 규칙이 매우 간단하여 나이 대에 상관없이 모두가 쉽게 즐길 수 있다.

준비물: 의자(참여자 수 + 1)

놀이 Tip과 유의 사항

- 참여자는 놀이가 진행되는 동안에 의자를 움직일 수 없다.
- 리더는 참여자들이 여러 번 자리를 바꾸어 앉을 수 있도록 여유를 갖고 천천히 이동하는 것이 좋다.
- 처음 시작할 때 빈 의자로 걸어서 갈 수 있도록 길을 남겨 두어야 한다.
- 리더가 의자에 앉으려고 할 때 참여자들이 발을 걸거나 몸으로 막으면 안 된다.

❶
▸ 참여자는 의자 1개를 가지고 공간을 탐색한 후 자신이 원하는 곳에 놓고 앉는다.

❷
▸ '남아 있는 의자 1개를 어디에 놓을지', '시작하면 어떻게 움직일지'를 의논하고 남은 의자를 합의한 위치에 놓는다.

❸
▸ 리더는 비어 있는 의자에 앉으러 출발한다. 참여자들은 리더가 빈 의자에 앉지 못하도록 자리를 옮겨 다니며 빈 의자를 채운다.

❹
▸ 리더가 1분 이상 빈 의자에 앉지 못하면 참여자들의 승리가 되고, 1분 안에 빈 의자에 앉으면 리더의 승리가 된다.

참여자 소감

"의자 하나를 지키기가 이렇게 어려운 줄 몰랐어요."
"선생님이 의자에 앉으려 할 때마다 우리도 열심히 자리를 옮겼고, 다 같이 소통하면서 협력한 것이 승리의 열쇠였어요!"

⏱ 소요 시간: 10~15분

47 이름 술래잡기

활동 영상 QR

유아 ★★ | 초등(저) ★★★★★ | 초등(고) ★★★★ | 청소년 ★★★

술래가 나의 이름을 3회 부르기 전에 술래의 이름을 한 번 부르는 놀이

'이름 부르기'에 필요한 청각적 주의력과 빠른 구술 능력을 동시에 다루는 소통 중심 놀이이다. 참여자들은 상대방의 이름을 크게 말하는 과정에서 자연스럽게 서로의 이름에 익숙해진다. 특히 모임에서 참여자들이 처음 만나 이름을 잘 모를 때, 서로를 빠르게 알아가기에 좋다.

준비물: 시트지(참여자 수만큼), 의자(참여자 수만큼)

놀이 Tip과 유의 사항

- 의자를 준비하기 어려운 경우 마스킹 테이프를 이용하여 자리를 표시하면 의자 없이도 놀이할 수 있다.
- 이름을 말할 때 모든 참여자가 들을 수 있도록 정확한 발음과 큰 목소리로 말한다.
- 놀이가 이어지면서 서로의 이름을 정확히 알게 되면 짐짓 술래에게 불리해진다. 이때는 술래가 앉아 있는 사람의 이름을 부르는 횟수를 3회에서 2회로 줄여 진행한다.

❶

- 원 대형으로 의자에 앉는다. 시트지(또는 라벨지)에 자신의 이름을 크게 적는다.

❷

- 술래 1명은 원 가운데에 서서 자신의 이름을 손으로 가린다.

❸

- 술래가 앉아 있는 참여자 중 1명의 얼굴을 쳐다보며 그 사람의 이름을 3회 말하면, 이름이 불린 참여자는 술래가 된다.

❹

- 이름이 불린 참여자가 술래의 이름을 1회 부르면, 술래는 바뀌지 않는다.

참여자 소감

"술래가 되지 않기 위해 다른 사람의 이름을 빠르게 기억하고 부르는 과정이 재미있었어요."
"친구들과 웃고 즐기면서 서로를 더 잘 알게 되는 계기가 됐어요."
"놀이를 하면서 친구들의 이름을 빨리 외울 수 있어 좋았어요."

소요 시간: 10~15분

48 최면술사

활동 영상 QR

유아 ★★★★★ | 초등(저) ★★★★★ | 초등(고) ★★★★★ | 청소년 ★★★★

ⓒ연극하는 선생님

최면술사가 되어 최면에 걸린 사람을 조종하는 놀이

상호 간의 믿음과 공간 인식 능력을 바탕으로, 한 사람이 다른 사람을 조종하는 놀이이다. 상대방과 일정한 간격을 유지하면서 함께 움직이기 위해 미세한 근육 조절 능력과 균형 감각을 키울 수 있다. 최면술사는 다양한 움직임을 이끌어내기 위해 속도와 방향을 조절하고, 최면에 걸린 사람은 창의적이고 유연하게 반응하면서 즐거움을 느낀다.

놀이 Tip과 유의 사항

- 최면술사는 최면에 걸린 사람이 다양하게 움직일 수 있도록 속도를 조절하고 방향을 다양하게 바꾸며 움직인다.
- 놀이 시작 전, 최면을 거는 주문과 동작(예: 검지로 원으로 그리며 "걸린다, 걸린다, 최면에 걸린다~얍!")을 함께 만들어 사용하면 역할에 몰입되어 더 즐겁게 놀이할 수 있다.

- 2명이 짝이 되어 A는 최면술사가 되고 B는 최면에 걸린 사람이 된다.

- A는 B의 얼굴에서 30cm 정도 떨어진 곳에 손을 뻗는다. B는 이제부터 A의 손과 자신의 간격을 유지해야 한다.

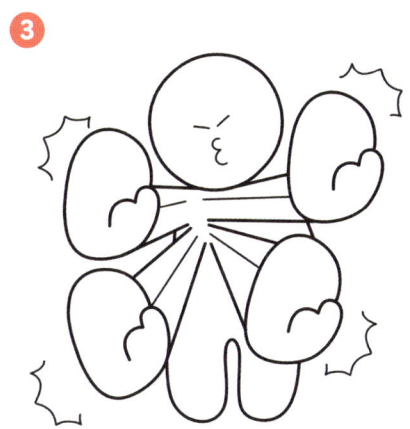
- A는 B가 다양하게 움직일 수 있도록 손의 방향과 높낮이를 다양하게 바꾼다.

- B는 A의 손과 간격을 유지하며 마치 금속이 자석에 반응하는 것처럼 계속 따라다니거나 멀어진다.

참여자 소감

"최면술사 역할을 할 때 짝의 반응에 따라 속도와 반응을 조절해야 해서 책임감이 느껴졌어요."
"다른 사람과의 상호작용이 중요하다는 것을 깨닫는 즐거운 경험이었어요."

소요 시간: 15~20분

49 풍선 인형

활동 영상 QR

유아 ★★★★★ | 초등(저) ★★★★★ | 초등(고) ★★ | 청소년 ★★★

ⓒ연극하는 선생님

천의 움직임을 보고 받은 느낌이나 떠오르는 이미지를 몸으로 표현하는 놀이

추상적인 움직임을 구체적인 신체 표현으로 바꾸면서 상상력과 표현력을 자극하는 놀이이다. 천을 움직이는 사람은 다양한 속도와 리듬으로 상대에게 영감을 주고, 표현하는 사람은 이를 몸으로 표현하며 비언어적으로 소통하는 능력을 키울 수 있다. 자신이 가지고 있는 표현력을 다양하게 확장하고 예술적 감수성을 높이는 데에 유용하다.

준비물: 천(참여자 수의 1/2개)

놀이 Tip과 유의 사항

- 천이 없을 때는 신문지나 8절지와 같은 얇은 종이로 천을 대체할 수 있다.
- 놀이 전, 리더가 천을 다양하게 움직이는 예시를 보여주면 천을 조작하는 시람이 놀이를 진행하는 데에 도움이 된다.
- 놀이 중 서로 부딪치지 않도록 각 팀은 충분한 공간을 확보하고 놀이를 시작한다.

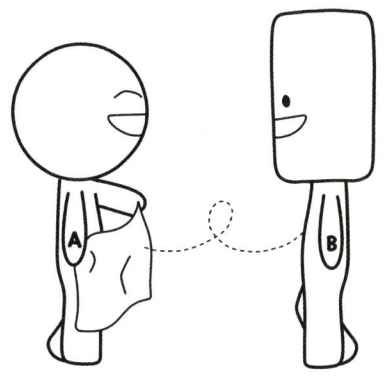

- 2명이 짝이 되어 A는 천을 움직이는 사람이 되고 B는 천의 움직임을 표현하는 사람이 된다. B는 천과 연결되어 있다고 생각하면 된다.

- A는 천이 다양한 움직임을 나타낼 수 있도록 여러 가지 방법으로 천을 움직인다(예: 하늘거리듯, 구겨지듯, 물결치듯 등).

- B는 천에서 보이는 느낌이나 이미지를 몸으로 표현한다. 일정한 시간이 지나면 서로 역할을 바꾸어 진행한다.

- 놀이에 익숙해지면 참여자 1명이 천을 조작하고 여러 참여자가 함께 천의 느낌이나 이미지를 몸으로 표현한다.

참여자 소감

"처음에는 천의 움직임을 몸으로 표현하는 게 쉽지 않았는데, 놀이를 계속할수록 서로 호흡이 맞는 것 같아 신기했어요."

"정해진 표현이 있는 게 아니라서 제 느낌을 재미있고 다양하게 표현할 수 있었어요!"

⏱ 소요 시간: 10~15분

50 N극과 S극

활동 영상 QR

유아 ★★★★★ | 초등(저) ★★★★★ | 초등(고) ★★★★ | 청소년 ★★★★

1명에게는 최대한 가깝게 붙고, 다른 1명에게는 최대한 멀리 떨어지는 놀이

N극과 S극을 정해 무언의 상호작용으로 끊임없이 자신의 위치를 조정하는 놀이이다. 자율적으로 움직이되, 특정인과 거리를 가깝게 또는 멀게 유지하면서 자연스럽게 공간 속 자신과 타인의 위치를 인식하는 능력을 키울 수 있다. 빠른 걸음으로 끊임없이 움직이는 놀이이기 때문에 간단한 몸풀기 활동으로도 좋다.

놀이 Tip과 유의 사항

- 놀이에 익숙해지면 'N극, S극, 나' 순서대로 일직선에 서는 놀이로 변형할 수 있다.
- 참여자의 나이에 따라 놀이 시작 전, 자석의 성질에 관해 설명하면 더 재미있게 놀이할 수 있다.
- 티처는 참여자가 처음에 정한 N극과 S극에 해당하는 사람이 중간에 바뀌지 않도록 수시로 안내한다.

▸ 모든 참여자는 공간을 탐색한 후 마음에 드는 곳을 선택하여 그 자리에 선다.

▸ 주위 참여자 중에서 N극과 S극을 각자 마음속으로 1명씩 정한다.

▸ 리더의 신호에 맞춰 N극과는 가까운, S극과는 먼 거리를 유지하며 공간을 걷는다.

▸ 1분이 지나면 걸음을 멈추고 그 자리에 앉는다. 1명씩 돌아가며 자기가 생각한 N극과 S극이 누구였는지 발표한다.

참여자 소감

"단순히 걸어 다니는 것인데도 공간 속에서 나만의 규칙을 가지고 움직이는 게 흥미로웠어요."
"마음속으로 정한 N극을 따라잡으면 어느새 제 뒤로 S극이 와있어서 당황스러우면서도 재밌었어요."

PART 3
투사

'투사' 연극놀이는 참여자 내면의 감정, 생각, 경험을 외부 대상이나 상징에 투영하여 표현하는 활동입니다. 참여자는 자신의 내적 세계를 외부에 드러내고 자신을 객관적으로 바라보게 됩니다. 이 과정에서 참여자는 직접적으로 표현하기 어려운 감정이나, 내적 갈등, 소망 등을 우회적으로 드러낼 수 있습니다. 이처럼 '투사' 연극놀이는 안전하게 자신을 표현하며 자신과 타인을 이해하는 데에 효과적입니다.

소요 시간: 10~15분

51 ○○○꽃이 피었습니다!

 도움자료 QR
 활동 영상 QR

유아 ★★★★★ | 초등(저) ★★★★★ | 초등(고) ★★ | 청소년 ★★

술래가 말하는 제시어에 어울리는 표현을 하며 목표 지점까지 도달하는 놀이

전통 놀이인 '무궁화꽃이 피었습니다'에 대표적인 연극 관습인 '타블로(tableau, 그림이나 묘사라는 뜻. 교육연극에서는 의미를 담은 정지 동작을 뜻함)'를 결합하여 제시어를 정지 동작으로 표현하는 놀이이다. 술래의 제시어를 듣고, 그것의 대표적인 이미지를 떠올린 뒤, 몸짓과 소리로 바꾸어 창의적 표현력을 키울 수 있다. 참여자들은 서로의 정지 동작을 보며 즐거워하고, 같은 제시어를 서로 다르게 표현한 모습에 신기함을 느낀다.

놀이 Tip과 유의 사항

- 놀이 전 마스킹 테이프를 이용하여 출발선을 표시하면 좋다.
- 술래는 무엇을 표현한 것인지 알기 어려운 참여자에게 몸짓과 소리로 더 표현할 것을 요청한다.
- 술래가 제시어를 잘 떠올리지 못하면 리더가 제시어 카드를 준비하여 고르게 한다(예: 눈사람, 발레리나, 선풍기, 믹서기, 나무늘보, 개구리, 소방관, 해녀 등).

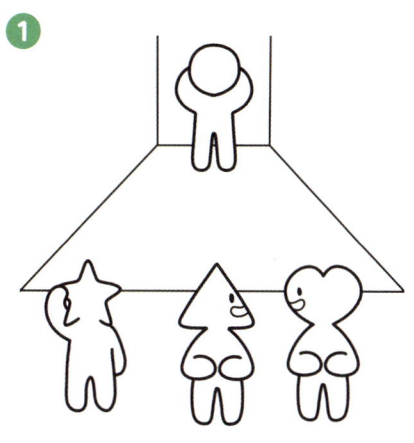

▸ 술래는 벽을 바라보고, 다른 참여자들은 출발선 뒤에 선다.

▸ 술래가 "○○○꽃이 피었습니다"라고 말하며 뒤돌아본다. ○○○ 부분에는 동물, 사물, 직업 등이 다양한 제시어(예: 악어, 경찰관 등)가 들어간다.

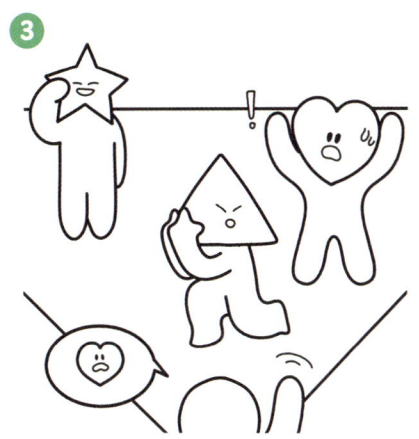

▸ 참여자들은 술래에게 한 발짝 다가가면서 제시어를 정지 동작으로 표현한다.

▸ 제시어와 어울리지 않게 표현한 사람은 술래와 새끼손가락을 건다. 그 외의 규칙은 '무궁화꽃이 피었습니다'와 동일하다.

참여자 소감

"제 몸을 이용해서 제시어를 표현하는 것이 새로웠고, 친구들의 창의적인 표현을 보는 것도 흥미로웠어요."

"친구와 같이 소를 표현하기도 했는데 혼자 표현하는 것보다 덜 부끄러웠어요."

⏱ 소요 시간: 15~20분

52 감정분석가

감정과 문장 카드 QR

활동 영상 QR

유아 ★ | 초등(저) ★★★★ | 초등(고) ★★★★ | 청소년 ★★★★

카드에 적힌 문장을 특정한 감정으로 표현하고 상대방의 감정을 맞히는 놀이

감정에 중점을 두고 표현, 소통, 추론하는 놀이이다. 참여자들은 주어진 감정을 표현하고, 상대방의 감정을 추측하며 소통하기 때문에 상대를 이해하는 능력을 키울 수 있다. 또한 다양한 감정을 상대에게 효과적으로 전달하는 방법을 익히고, 상대의 감정을 민감하게 인식하며 존중하는 태도도 함양하게 된다.

준비물: 감정과 문장 카드

놀이 Tip과 유의 사항

- 놀이 전 다양한 감정에 대해 알아보는 시간을 갖는 것이 좋다.
- 참여자의 나이에 따라 표현할 감정의 범위를 다양하게 조절한다.
- 다양한 감정을 표현하는 것이 중요하므로 서로가 추론한 감정을 말한 후, 정답 여부와는 상관없이 문장 카드를 서로 교환한다.

①

- 모든 참여자는 감정과 문장이 적힌 카드(예: '억울한-할 말이 있어요.', '절망스러운-내일이 개학이야.' 등)를 한 장씩 받는다.

②

- 참여자는 카드에 적힌 감정으로 제시된 문장을 어떻게 표현할지 생각한다.

③

- 공간을 돌아다니며 다른 참여자와 만나 카드에 적힌 문장을 말로 표현한 후, 상대방의 문장에서 느껴지는 감정을 추측한다.

④

- 서로가 추론한 감정을 말하고 문장 카드를 교환한다. 다시 공간을 돌아다니며 앞선 과정을 반복한다.

참여자 소감

"문장을 듣고 감정을 맞히려고 노력하면서 자연스럽게 친구들과 가까워진 것 같아요."
"문장에 적힌 감정을 표현한 것뿐이지만 제 안에 잠자던 감정을 자유롭게 표출할 기회가 되었어요."
"놀이를 하면서 다양한 감정을 자연스럽게 표현할 수 있어서 좋았어요."

소요 시간: 25~30분

53 공통분모

활동 영상 QR

유아 ★★ | 초등(저) ★★★★ | 초등(고) ★★★★ | 청소년 ★★★★

모둠원들의 공통점을 찾아 조각상으로 표현하는 놀이

공통점을 소재로 대화와 표현을 통해 서로 소통하는 놀이이다. 참여자들은 공통점을 발견하면서 서로에 대한 이해와 공감을 높이고, 이를 조각상으로 표현하며 참여자들과 소통할 수 있다. 여럿의 공통점에 관한 생각과 감정을, 조각상이라는 시각적 표현을 통해 더욱 명확하게 전달하는 경험을 하게 된다.

놀이 Tip과 유의 사항

- 참여자들이 공통점을 찾기 어려울 경우, 리더가 공통점을 찾을 만한 요소를 말한다(예: 좋아하거나 싫어하는 계절, 음식, 운동, 동물, 장소, 과목, 색깔, 취미, 여행지, 기념일, 최근에 본 영화 혹은 드라마 등).
- 공통점이 드러나는 조각상을 만들 때, 어엿이 하나의 조각상을 함께 만들어도 되고 모둠원들이 개별적으로 각기 다른 조각상을 만들어도 된다.

❶
- 4명이 한 모둠이 되어 다양한 질문을 하면서 서로의 공통점(예: 생일, 좋아하는 계절, 지금 먹고 싶은 음식 등)에 관해 이야기 나눈다.

❷
- 모둠원들의 다양한 공통점 중 하나를 정하여 그 특징이 드러나는 조각상을 만든다.

❸
- 발표 순서를 정한 후 모둠별로 돌아가며 2번에서 만든 조각상을 표현한다.

❹
- 참여자들은 다른 모둠의 조각상을 보고 그 모둠원들의 공통점이 무엇일지 알아맞힌다.

참여자 소감

"조각상 만들기를 통해 공통점을 시각적으로 표현하는 것이 정말 멋있었어요."
"다른 모둠의 조각상을 보고 공통점을 맞히는 것이 재밌었고, 공통점을 찾으며 서로에 대해 더 잘 알게 되어 좋았어요."

소요 시간: 35~40분

54 그림자 인형

활동 영상 QR

유아 ★★★★★ | 초등(저) ★★★★★ | 초등(고) ★★★★ | 청소년 ★★★

ⓒ연극하는 선생님

종이, PVC 컬러 필름, 나무젓가락을 활용하여 그림자 인형을 만드는 놀이

자신이 되고 싶은 동물이나 물건을 그림자 인형으로 만들어 표현하는 놀이이다. 자신이 만든 그림자 인형을 통해 자신의 생각과 감정을 표현하고, 다른 참여자들과 소통하는 것이 목적이다. 참여자들은 자신이 원하는 모양과 색깔로 그림자 인형을 자유롭게 꾸밀 수 있으며, 이 과정에서 자신의 내면을 탐색하여 자기이해를 심화할 수 있다.

준비물: 가위, 검정 도화지 여러 장, 나무젓가락, 색연필, 칼, 테이프, PVC 컬러 필름(두꺼운 셀로판지), 광원

놀이 Tip과 유의 사항

- 그림 그리기가 어려울 경우, 리더가 다양한 이미지를 출력하여 참여자에게 제공한다.
- 참여자 나이에 따라 칼 사용이 위험할 것 같으면, 가위로 도화지의 바깥 테두리만 오려 광원으로 그림자 인형을 비췄을 때 인형의 전체적인 형태만 드러나게 만들 수 있다.
- PVC 컬러 필름 대신 일반 셀로판지를 활용할 수 있으며, 종이와 광원만을 사용해 만들 수도 있다.

1

▸ 원 대형으로 앉는다. 내가 되고 싶은 동물 또는 물건이 무엇인지 생각한다.

2

▸ 검정 도화지 위에 밝은색의 색연필로 그림의 테두리를 굵게 그린다. 바깥 테두리를 가위로 오린 후 칼로 안쪽 테두리를 파낸다.

3

▸ 색을 넣기 위해 앞서 칼로 판 부분에 그림자 인형에 어울리는 PVC 컬러 필름을 붙인다.

4

▸ 그림자 인형이 완성되면 인형에 나무젓가락을 테이프로 고정하고 광원으로 인형을 비춰 그림자를 만든다.

참여자 소감

"그림자 인형을 만들면서 제 꿈과 목표를 표현할 수 있어서 좋았어요."
"제가 만들고 싶은 것의 특징을 생각하고, 그것을 그림자 인형으로 만들어가는 과정이 즐거웠어요!"
"제가 되고 싶은 것이 무엇인지 고민하면서 저에 대해 생각해볼 수 있어서 좋았어요."

⏰ 소요 시간: 25~30분

55 그림자 조각상

활동 영상 QR

유아 ★★★★★ | 초등(저) ★★★★★ | 초등(고) ★★★★ | 청소년 ★★★★

ⓒ연극하는 선생님

표현하고 싶은 대상을 그림자의 형태로 표현하는 놀이

자신의 신체에 빛을 비춰 만들어질 그림자의 형태를 상상하며 표현하는 놀이이다. 조명기와 막 그리고 신체 사이의 거리를 조절함에 따라 그림자의 크기가 달라지기 때문에 예술 활동을 과학(빛의 성질)과 융합할 수도 있다. 막에 비친 그림자를 보고 떠오르는 생각을 함께 공유하는 것이 이 놀이의 큰 재미이다.

준비물: 광원(조명기, 랜턴 등), 거치대, 밝은 색깔 천(그림자 막)

놀이 Tip과 유의 사항

- 조명기(LED 투광기 50W)나 랜턴을 준비하기 어렵다면 스마트폰의 손전등 기능으로 대체한다.
- 그림자만 보고 무엇을 표현했는지 맞히기 어려울 경우, 그림자 조각상은 몸짓이나 소리를 추가로 표현한다.

①

▸ 조명기를 그림자 막 뒤에 설치한다. 참여자들은 그림자 막을 앞에 두고 U자 대형으로 의자에 앉은 후 발표 순서를 정한다.

②

▸ 신체 그림자로 무엇을 표현할지 생각한 후 1명씩 그림자 막 뒤에 가서 정지 동작으로 자신이 생각한 것을 표현한다.

③

▸ 다른 참여자들은 그림자를 보며 발표자가 무엇을 표현했는지 알아맞힌다.

④

▸ 모두 표현을 마치면 2명이 짝이 되어 무엇을 표현할지 정한 후 2명이 함께 막 뒤에 가서 정지 동작으로 표현한다.

참여자 소감

"제 몸이 어떻게 움직이는지, 그리고 그림자가 어떻게 변하는지를 관찰할 수 있어서 좋았어요."
"같은 그림자 조각상을 보고도 친구들이 다양하게 해석해서 재밌었어요."
"빛과 제 몸의 거리에 따라 그림자의 크기가 다양하게 변하는 것이 신기했어요."

⏱ 소요 시간: 20~25분

56 나는 누구입니까?

도움자료 QR

활동 영상 QR

유아 ★★★★★ | 초등(저) ★★★★★ | 초등(고) ★★★ | 청소년 ★★★

ⓒ 연극하는 선생님

다른 참여자의 직업명을 보고, 거기에 어울리는 몸짓과 대사를 하는 놀이

각자가 다른 참여자들과 만나 말과 몸짓을 통해 끊임없이 다양한 직업을 표현하는 놀이이다. 직업을 묘사하는 다양한 몸짓과 대사를 만들면서 자신감과 창의력뿐만 아니라 직업에 대한 이해도 높일 수 있다. 자기 등에 붙어 있는 직업 카드를 알고도 다른 참여자들의 다양한 표현을 보는 것이 놀이의 큰 재미이다.

준비물: 시트지(참여자 수만큼)

놀이 Tip과 유의 사항

- 다른 참여자 등에 붙은 직업명을 표현할 때, 직업명이 직접 드러나는 힌트를 주면 안 된다.
- 시트지 대신 붙임 쪽지와 박스테이프로 준비물을 대체할 수도 있다.
- 자기 등에 붙어 있는 직업 카드가 무엇인지 짐작되더라도 말하지 않는다.

❶
- 리더는 참여자 등에 직업명(예: 야구선수, 경찰, 피아니스트 등)이 적힌 시트지를 1장씩 붙인다.

❷
- 참여자들은 공간을 돌아다니며 마주치는 사람의 등에 붙은 직업을 보고, 그 직업을 몸짓과 대사로 설명한다.

❸
- 직업을 표현할 때 마임으로 설명할 수도 있고, 그 직업인 사람에게 건넬 만한 말을 할 수도 있다.

❹
- 정해진 시간이 지나면 원 대형으로 앉아 자신의 등에 붙어 있는 직업 카드가 무엇인지 발표한다.

참여자 소감

"이 놀이를 통해 새로운 직업을 알아서 좋았고, 다른 사람들이 직업을 어떻게 표현하는지도 볼 수 있어 흥미로웠어요."

"서로의 동작을 보고 직업을 맞추는 과정에서 서로의 생각을 이해하고 공감할 수 있었어요."

⏱ 소요 시간: 20~25분

57 날 담은 몸짓

활동 영상 QR

유아 ★★ | 초등(저) ★★★★ | 초등(고) ★★★ | 청소년 ★★★

나를 나타내는 3가지 키워드를 몸짓으로 표현하는 놀이

말이 아닌 몸을 통해 개인의 정체성을 탐색하고 표현하는 데에 중점을 둔 놀이이다. 자신의 키워드를 창의적인 몸짓으로 표현하는 과정에서 자유로움을 느끼고, 비언어적 의사소통 능력을 키울 수 있다. 개인의 자기표현을 촉진하고, 타인의 몸짓을 해석하며 공감하는 능력을 함양할 수 있다.

놀이 Tip과 유의 사항

- 놀이 전 '나'에 대해 생각할 시간을 충분히 준다.
- 나를 나타내는 것으로는 가족, 가치관, 친구, 사는 지역, 좋아하는 것, 잘하는 것, 친한 친구, 자주 하는 말, 자주 듣는 말 등이 있다.
- 나를 표현하는 몸짓이 다양하게 떠오르지 않을 때는 1~2가지만 표현한다.

- 원 대형으로 의자에 앉는다. 나를 드러낼 수 있는 키워드(예: 취미, 성격, 장래 희망 등) 3가지를 생각한다.

- 떠올린 키워드를 어떻게 몸짓으로 표현할 수 있을지 생각한다.

- 발표 순서를 정한 후 순서대로 1명씩 돌아가며 각 키워드를 몸짓으로 표현한다.

- 여러 몸짓 중에서 인상 깊었던 것과 그 몸짓에 담긴 키워드를 추측해보고, 다 함께 그 몸짓을 표현한다.

참여자 소감

"몸짓으로 나를 표현하는 것이 처음에는 어색했지만, 다른 친구들이 내 몸짓을 보고 키워드를 맞혔을 때 정말 기분이 좋았어요."

"서로의 생각과 감정을 몸짓으로 공유하면서 친밀감을 느낄 수 있었어요."

"친구가 표현하는 몸짓 키워드를 맞히면서 친구에 대해 좀 더 잘 알 수 있게 되었어요."

⏰ 소요 시간: 35~40분

58 내 이름 속의 나

활동 영상 QR

유아 ★★★ | 초등(저) ★★★★★ | 초등(고) ★★★★★ | 청소년 ★★★★★

ⓒ연극하는 선생님

자기 이름 속에 본인을 드러내는 요소들을 넣어 그림으로 표현하는 놀이

자기성찰을 바탕으로 알게 된 자기 특성을 담아 자신의 이름을 꾸미는 놀이이다. 참여자들은 자신의 이름을 캔버스 삼아 자아를 시각화함으로써 개인의 정체성을 깊이 있게 탐구한다. 또한 서로의 그림을 보면서 각자의 취향과 관심사를 이해하고 공감하는 능력을 기를 수 있다.

준비물: 채색 도구, 8절지(참여자 수만큼)

놀이 Tip과 유의 사항

- 놀이 전 '나'에 대해 충분히 생각할 시간을 준다.
- 자신에 관한 것으로는 가족, 가치관, 사는 지역, 좋아하는 것, 잘하는 것, 자주 하는 말 등이 있다.
- 발표 후 서로에 대해 새롭게 알게 된 점을 이야기하며 참여자 간 내적 친밀감을 높일 수 있다.
- 참여자의 나이에 맞게 도화지의 크기와 채색 도구의 종류를 결정한다.

▸ 리더는 참여자에게 흰 도화지(8절지)를 1장씩 전달한다.

▸ 참여자는 자기 이름 안에 그림이 들어가도록, 두꺼운 테두리의 형태로 도화지에 이름을 그린다.

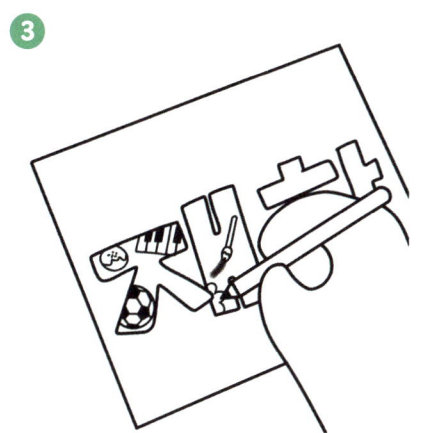

▸ 이름 테두리 안에 자신에 관한 것(예: 관심사, 생일, 이름의 뜻 등)을 그려 넣는다.

▸ 1명씩 돌아가며 자기 작품을 발표한다. 다른 참여자는 발표자에게 궁금한 점을 질문한다.

참여자 소감

"저를 표현하는 것이 어색했는데, 놀이를 통해 친구들과 깊이 소통할 수 있게 되어 기뻤어요."
"이름이라는 한정된 틀 안에 제 취향과 경험을 담으려다 보니, 평소에 생각하지 못한 창의적인 아이디어가 떠올랐어요!"

🕐 소요 시간: 10~15분

59 몸-글 릴레이

도움자료 QR

활동 영상 QR

유아 ★ | 초등(저) ★★★★★ | 초등(고) ★★★★ | 청소년 ★★★★

ⓒ연극하는 선생님

소리 없이 몸과 글로만 정보를 전달하는 놀이

평소에 비교적 많이 사용하는 음성 언어를 차단하여 신체 언어 표현력에 중점을 둔 놀이이다. 참여자들은 자신의 순서에 따라 몸짓 또는 글로 정보를 표현하면 상상력과 창의력을 발휘하고, 더 적합한 표현이 무엇일지 생각할 수 있다. 여러 명을 거치며 정보가 처음과는 다르게 와전되는 것이 이 놀이의 재미 요소이다.

준비물: 종이 여러 장, 필기도구

놀이 Tip과 유의 사항

- 제시어를 설명할 때 소리 없이 표정과 몸짓만 사용한다.
- 제시어를 설명하는 사람은 뒤돌아 있는 사람의 어깨를 살짝 톡톡 친 후 마주 본 상태에서 표정과 몸짓으로 제시어를 표현한다.
- 리더는 놀이를 시작하면서 참여자들에게 제시어의 범주(예: 동물, 식물, 사물, 직업 등)를 알려준다.

①

- 4명이 한 모둠이 되어 순서를 정한다. 각 모둠의 1번은 공간의 앞을 보고, 2~4번은 뒤를 보고 선다. 2번과 4번은 종이와 펜을 받는다.

②

- 리더는 각 모둠의 1번에게 제시어(예: 줄넘기, 자장면 등)를 보여준다. 1번은 제시어를 소리 없이 표정과 몸짓으로만 2번에게 설명한다.

③

- 2번은 제시어를 유추하여 종이에 적고 3번에게 보여준다. 3번은 2번이 보여준 제시어를 4번에게 소리 없이 표정과 몸짓으로만 설명한다.

④

- 4번은 정답이라고 생각한 제시어를 적는다. 처음 리더의 제시어와 일치하는 모둠은 성공한다.

참여자 소감

"제시어를 몸짓으로 표현하거나, 다른 사람의 몸짓을 보고 무엇인지 알아채는 게 어려우면서도 재밌었어요."

"다른 사람의 생각을 이해하는 것이 중요하다는 것을 깨달았고, 소통과 협력의 중요성도 느꼈어요."

🕐 소요 시간: 25~30분

60 박스로 만드는 세상

활동 영상 QR

유아 ★★★★★ | 초등(저) ★★★★★ | 초등(고) ★★★ | 청소년 ★★★

ⓒ연극하는 선생님

상자를 활용하여 다양한 장소 또는 사물을 표현하는 놀이

일상 소재인 상자를 연극적으로 활용하여 창의적인 장면을 연출하고 상호작용하는 놀이이다. 다양한 크기의 상자들을 위치와 조합을 바꿔가며 어떤 장소나 사물을 만들고, 그것과 조화로운 동작을 표현하는 과정에서 상상력과 창의력을 키울 수 있다. 또한 다른 모둠의 발표를 보며 상자로 무엇을 만든 것인지 추측하며 자연스럽게 예술을 감상하는 경험을 하게 된다.

준비물: 상자(참여자 수만큼)

놀이 Tip과 유의 사항

- 놀이 시작 전 상자를 탐색할 시간을 가지면 좋다.
- 상자로 장소나 사물을 만든 후 어울리는 동작을 표현할 때, 몸짓뿐만 아니라 상황에 어울리는 말을 더하면 훨씬 생동감 넘치는 표현을 할 수 있다(예: 상자로 '배'를 만들었다면 '사공'을 표현하며 "노를 젓자"라고 말한다).
- 같은 크기의 상자 여러 개보다 다양한 크기의 상자를 준비하면 더 풍성하게 상상하고 표현할 수 있다.

1

- 리더는 준비한 여러 개의 상자를 공간에 내려놓는다. 모둠별로 모둠원 수만큼의 상자를 가져간다.

2

- 모둠별로 상자를 다양하게 조합하여 떠오르는 장소나 사물을 만든다.

3

- 상자로 만든 장소나 사물에 어울리는 몸짓과 소리를 표현한다.

4

- 다른 모둠의 발표를 보며 상자가 무엇으로 보이는지 추측한다.

참여자 소감

"평소에 재활용 쓰레기로만 생각했던 택배 상자가 배, 항구, 숲으로 보였어요."
"친구들의 발표를 보는 것이 마치 박물관에 전시된 예술품을 보는 것 같았어요."

🕐 소요 시간: 15~20분

61 살아있는 신문지

활동 영상 QR

유아 ★★★★ | 초등(저) ★★★★★ | 초등(고) ★★★ | 청소년 ★★★

신문지 조작으로 다양한 움직임을 표현하여 다른 참여자들과 소통하는 놀이

사물을 직접 조작하여 자기 생각과 감정을 표현하는 놀이이다. 참여자들은 신문지를 어떤 물건으로 상상, 변형하는 것이 아니라 살아있는 생명체로 취급한다. 신문지를 조작하며 간접적으로 자기를 표현하는 방식이기 때문에 소극적인 참여자들에게도 효과적인 놀이이다.

준비물: 신문지(참여자 수만큼)

놀이 Tip과 유의 사항

- 신문지가 없다면 이면지나 다른 종이로 대체한다.
- 신문지를 자유롭게 조작할 수 있도록 리더가 다양한 움직임의 예시를 제시한다(예: 걷기, 뛰기, 눕기, 자기, 숨쉬기, 날기, 춤추기 등).

1

- 리더는 참여자들에게 신문지를 1장씩 전달한다. 참여자들은 신문지를 원활하게 조작하기 위해 손을 푼다.

2

- 신문지가 살아있다는 생각으로, 공간을 돌아다니며 신문지를 자유롭게 조작하여 움직이게 한다.

3

- 원 대형으로 앉아서 발표 순서를 정한다. 1명씩 돌아가며 자기 신문지의 움직임을 다른 참여자들에게 보여준다.

4

- 참여자들은 발표자가 보여주는 신문지의 움직임을 보고 떠오르는 것을 말한다.

참여자 소감

"신문지가 살아있다고 느꼈고, 신문지를 자유롭게 움직일 수 있어서 너무 신기하고 즐거웠어요!"
"그동안 상상하지 못했던 신문지의 다양한 움직임을 발견해서 놀랐고, 신문지가 새나 강아지, 바람처럼 다양한 모습으로 보였어요."

소요 시간: 10~15분

62 상상의 껌 씹기

도움자료 QR

활동 영상 QR

유아 ★★★ | 초등(저) ★★★★ | 초등(고) ★★★ | 청소년 ★★★

크기와 맛이 다양하게 변하는 상상의 껌을 씹는 모습을 표현하는 놀이

상상력을 통한 창의적 표현으로, 자기 발견을 목표로 하는 놀이이다. 참여자들은 현실에 존재하지 않는 허무맹랑한 껌을 상상하면서 각자의 개성과 창의성을 자유롭게 표현하고, 자신만의 독특한 표현 방식을 찾을 수 있다. 이 과정에서 발생하는 유쾌한 상황은 재미를 제공하고, 집단 내에 자연스러운 소통과 웃음을 가져온다.

놀이 Tip과 유의 사항

- 리더는 껌의 크기를 다양하게 바꿔 제시한다(예: '껌의 크기가 탁구공만큼 커집니다.', '껌의 크기가 모래알만큼 작아집니다.' 등).
- 리더는 껌의 맛을 다양하게 바꿔 제시한다(예: '껌의 맛이 아주 신 레몬 맛으로 바뀝니다.', '껌의 맛이 쓴 한약 맛으로 바뀝니다.', '껌의 맛이 매운맛으로 바뀝니다.' 등).

▸ 원 대형으로 서서 손에 껌이 있다고 상상한다. 손에 있는 껌의 크기, 모양, 색깔, 맛 등을 상상한다.

▸ 앞서 상상한 껌을 입안에 넣고 씹는 마임을 한다.

▸ 리더는 껌의 크기를 다양하게 바꾼다. 참여자들은 껌 크기를 상상하여 입 모양, 표정, 몸짓, 소리로 껌 씹는 모습을 표현한다.

▸ 리더는 껌의 맛을 다양하게 바꾼다. 참여자들은 껌 맛을 상상하여 입 모양, 표정, 몸짓, 소리로 껌 씹는 모습을 표현한다.

참여자 소감

"상상한 껌을 입안에 넣고 씹는 마임을 하면서, 표정과 몸짓 하나하나가 얼마나 많은 이야기를 전할 수 있는지 알게 되었어요."

"제 상상력이 얼마나 풍부한지 깨닫는 시간이었어요!"

"같은 맛과 크기의 껌이라도 다들 다르게 표현하니까 친구들의 표정을 보는 게 진짜 재미있었어요."

소요 시간: 35~40분

63 생각 테이핑

활동 영상 QR

유아 ★ | 초등(저) ★★★★★ | 초등(고) ★★★★ | 청소년 ★★★★

마스킹 테이프를 이용해 자신을 표현하는 놀이

자신의 정체성과 선호를 마스킹 테이프로 시각화하는 놀이이다. 다양한 색의 마스킹 테이프를 활용해 개성을 드러내고, 자신의 생각을 예술 작품으로 만드는 과정에서 창의적인 사고가 필연적으로 수반된다. 또한 다른 사람의 작품을 통해 작품의 의미를 추측하고 공감하면서 타인에 대한 이해도 높일 수 있다.

준비물: 다양한 색의 마스킹 테이프(25mm), 붙임 쪽지 여러 장, 필기도구, 8절지(참여자 수만큼)

놀이 Tip과 유의 사항

- 마스킹 테이프 색(예: 빨, 주, 노, 초, 파, 검, 흰 등)은 다양할수록 좋다.
- 놀이 시작 전 자기가 어떤 사람인 것 같은지 또는 무엇을 좋아하는지에 대해 충분히 생각한다.
- 작품을 공유할 때 1명씩 나와 자기의 작품을 발표하는 것으로 대체할 수 있다.

- 원 대형으로 앉는다. 리더는 참여자에게 흰 도화지(8절지)를 1장씩 전달한 후 원 중앙에 다양한 색의 마스킹 테이프를 놓는다.

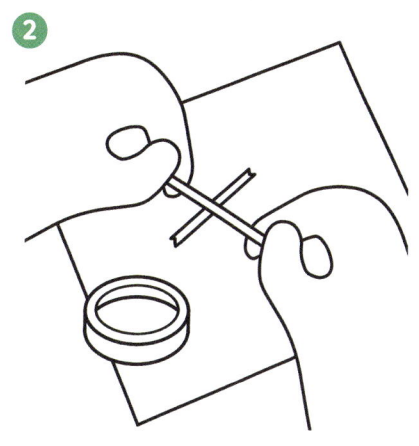

- 참여자는 자신이 좋아하는 것 또는 자신을 드러낼 수 있는 것을 떠올린 후, 그것을 다양한 색의 마스킹 테이프로 도화지에 표현한다.

- 일정 시간이 지나면 자기의 작품을 공간의 원하는 곳에 전시한다. 참여자들은 공간을 돌아다니며 여러 작품을 감상한다.

- 작품을 보고 작품의 주인이 어떤 것을 좋아하는 사람일지 생각한 후 붙임 쪽지에 써서 작품 아래에 붙인다.

참여자 소감

"작품을 만드는 과정에서 저를 돌아보는 시간이 되어 의미 있었어요."
"다른 사람들이 내 작품을 어떻게 해석하는지 듣는 게 정말 새롭고 재밌었어요."
"마스킹 테이프를 활용하니 그림 그리기에 대한 부담이 없어서 재미있게 활동할 수 있었어요."

소요 시간: 15~20분

64 신기한 공

활동 영상 QR

유아 ★★★★ | 초등(저) ★★★★★ | 초등(고) ★★★ | 청소년 ★★★

ⓒ연극하는 선생님

상상의 공에 자신이 정한 특성을 담아 가지고 노는 놀이

대표적인 연극 관습인 마임을 활용하여 자신의 상상력을 공놀이하는 모습으로 표현하는 놀이이다. 참여자들은 주체적이고 자유롭게 공의 특성과 용도를 결정하고, 상상의 공을 창의적인 동작으로 가지고 놀며 즐거움을 느낀다. 이 과정에서 창의성 및 자기 표현력을 강화하는 것은 물론이고, 마임을 통해 서로 소통하고 협력하는 경험까지 할 수 있다.

놀이 Tip과 유의 사항

- 놀이 전 리더는 다양한 공의 종류(예: 축구공, 피구공, 골프공, 야구공, 탁구공, 배구공, 럭비공, 배드민턴공, 당구공, 테니스공, 볼링공, 농구공 등)에 관한 정보를 제공한다.
- 공을 전달받은 사람이 농구공을 받았더라도 자신이 판단했을 때 탱탱볼이라는 생각이 든다면 농구공이 아니라 탱탱볼로 가지고 논다.
- 두 사람이 공을 교환하기 전, 각자 가지고 있는 공의 특징을 충분히 관찰한다.

- 자유롭게 서서 자기 손에 상상의 공이 있다고 생각하고 자기만의 공을 만든다. 이때 공의 크기, 무게, 용도 등을 결정한다.

- 자신이 상상한 공의 특성이나 용도를 바탕으로 공을 가지고 노는 마임을 하며 돌아다닌다.

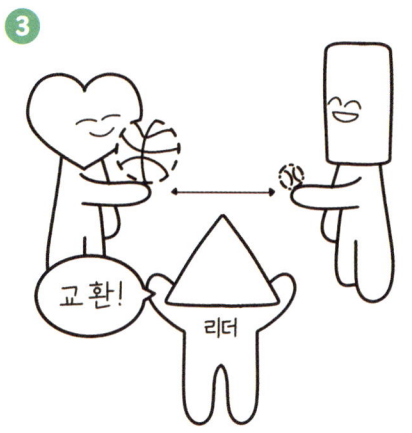

- 리더가 신호를 주면 주위 사람과 짝을 지어 각자 공의 특성을 마임으로 보여주고 교환한다.

- 새로운 공을 받은 참여자는 전달받은 공의 특성을 자기 나름대로 해석하여 공으로 노는 마임을 하며 돌아다닌다.

참여자 소감

"자유로운 표현을 하며 제가 무엇을 상상하고 표현할 수 있는지에 자신감이 생겼어요."
"친구의 공을 받아 제가 생각한 용도로 새롭게 마임 하는 게 재밌었어요!"

⏰ 소요 시간: 35~40분

65 신문지 인형 만들기

활동 영상 QR

유아 ★★★★★ | 초등(저) ★★★★★ | 초등(고) ★★★★ | 청소년 ★★★

ⓒ연극하는 선생님

신문지로 만든 인형에 정체성을 부여하여 소개하는 놀이

신문지와 마스킹 테이프로 인형을 만들고, 그 인형에 이름, 성격, 특징 등을 부여하는 놀이이다. 자신만의 독창적인 인형을 만들어 내는 과정에서 캐릭터 구축, 스토리텔링 능력과 같은 예술적 표현력을 기르고, 인형을 움직이면서 신체 언어의 중요성도 인식할 수 있다.

준비물: 마스킹 테이프 여러 개, 신문지 여러 장

놀이 Tip과 유의 사항

- 신문지 인형을 설명하는 것이 아니라, 내가 그 인형이 되어보는 놀이로 소개한다.
- 신문지 인형의 양팔에 나무젓가락을 붙이면 인형을 쉽게 조작할 수 있다.
- 모둠이 하나의 신문지 인형을 만든 후 머리, 팔, 다리 한 쪽씩을 맡아 함께 조작할 수도 있다.

❶
▸ 리더는 모든 참여자에게 신문지와 마스킹 테이프를 나눠준다. 참여자는 재료를 이용하여 신문지 인형을 만든다.

❷
▸ 각자 자신의 신문지 인형에 이름, 성격, 습관, 특징 등 정체성을 부여한다.

❸
▸ 앞서 부여한 정체성이 잘 드러날 수 있도록 각 신문지 인형만의 고유한 움직임을 만든다.

❹
▸ 원 대형으로 의자에 앉아 1명씩 자기가 만든 신문지 인형을 소개한다. 이때 마치 자신이 신문지 인형인 것처럼 말한다.

참여자 소감

"인형에 생명을 불어넣는 것 같아 신기하고 재밌었어요!"
"제가 만든 인형이 저라고 생각하고 말했는데, 평소라면 하지 않았을 말들도 자연스럽게 할 수 있었어요."

🕐 소요 시간: 15~20분

66 오늘은 내가 요리사

활동 영상 QR

유아 ★★★★★ | 초등(저) ★★★★★ | 초등(고) ★★ | 청소년 ★★

신체와 천을 활용하여 음식을 표현하고, 어떤 음식인지 추측하는 놀이

상상과 변형을 중심으로 신체와 천을 사용하여 창의적으로 음식을 형상화하는 놀이이다. 음식의 최종 형태뿐만 아니라 준비 및 조리 과정까지 구현하기 때문에, 참여자의 상상력과 표현력을 자극한다. 또한 구음으로 소리를 만들어 생동감을 더해 발표하는데, 발표를 보는 참여자들은 음식의 감각적 특성을 온몸으로 느끼게 된다.

준비물: 붙임 쪽지, 천 여러 장, 필기도구

놀이 Tip과 유의 사항

- 음식이 만들어지는 과정을 표현하면 더 재미있게 놀이할 수 있다(예: 프라이팬에 지글지글 삼겹살이 구워지는 모습 → 삼겹살을 뒤집는 모습 → 초록색 천을 이용하여 삼겹살을 쌈 채소에 싸 먹는 모습).
- 음식을 표현할 때 입으로 나양한 소리를 만들어 넣으면 더욱 생동감 넘치는 표현이 된다.
- 여러 음식 사진을 인쇄한 후, 모둠에서 하나를 골라 표현할 수도 있다.

▸ 리더는 참여자들과 '좋아하는 음식'에 관해 이야기를 나눈 후 붙임 쪽지에 음식 이름을 적는다.

▸ 4~5명이 한 모둠이 되어 음식 이름이 적힌 붙임 쪽지 1장을 선택하여 모둠원과 공유한다.

▸ 모둠이 선택한 음식을 몸짓과 소리 그리고 다양한 천을 활용하여 표현한다.

▸ 모둠별로 돌아가며 발표한다. 발표를 본 참여자들은 어떤 음식을 표현한 것인지 알아맞힌다.

참여자 소감

"처음에는 몸짓과 천으로 음식을 표현하는 게 어색했는데, 점점 창의적인 아이디어가 샘솟았어요!"
"친구들과 함께 웃으며 음식을 맞히는 과정이 정말 즐거웠어요."
"빨간 옷을 입은 친구가 자기 옷으로 핫도그에 케첩 뿌리는 것을 표현했는데 정말 재미있었어요."

소요 시간: 20~25분

67 요술 지팡이

활동 영상 QR

유아 ★★★ | 초등(저) ★★★★★ | 초등(고) ★★★★ | 청소년 ★★★★

ⓒ연극하는 선생님

백업제를 활용하여 다양한 물건을 표현하고 이를 맞혀보는 놀이

무한한 상상력을 바탕으로, 가변성이 큰 오브제인 백업제를 다양하게 변형하는 놀이이다. 참여자들은 백업제라는 소재에 큰 흥미를 보이며, 시간 가는 줄 모르고 백업제를 탐색하는 데에 심취한다. 자신만의 독창적인 물건을 만들고 이를 소개하며 다른 사람들과 소통하는 즐거움을 느낄 수 있다.

준비물: 백업제(참여자 수만큼)

놀이 Tip과 유의 사항

- 지름 1cm 백업제가 가변성이 좋아 가장 적합하지만, 지름 2.5cm 백업제나 종이로도 대체할 수 있다.
- 놀이 전 백업제를 보고 만지며 흥분히게 탐색할 시간을 갖는 것이 좋다.
- 백업제를 바닥에 세게 치거나, 다른 참여자에게 휘두르지 않는다.

- 리더는 지름 1cm 백업제를 참여자들에게 하나씩 나눠준다. 참여자들은 백업제를 탐색한 후 다 함께 백업제에 어울리는 이름을 정한다.

- 리더의 안내에 따라 참여자는 백업제를 던져 보고, 연결해보고, 구부려 보는 식으로 다양하게 조작한다.

- 참여자들은 백업제를 다양한 물건으로 상상하여 변형한다. 1명씩 돌아가며 백업제를 변형하여 사용하는 모습을 표현한다.

- 다른 참여자들은 발표자의 표현을 보고 백업제가 무엇으로 변형됐는지 알아맞힌다.

참여자 소감

"백업제 하나로 이렇게 많은 것들을 표현할 수 있는지 몰랐어요. 친구들의 상상력이 대단한 것 같아요!"

"다른 사람의 표현을 보고 알아맞히면서 서로의 상상을 공유하는 기분이 들었어요."

🕐 소요 시간: 30~35분

68 요즘 나는! 요즘 너는?

도움자료 QR

활동 영상 QR

유아 ★ | 초등(저) ★★★★ | 초등(고) ★★★★ | 청소년 ★★★★

외형과 키워드 그리고 질문에 대한 대답을 바탕으로 자기를 소개하는 놀이

참여자들의 관심과 지지를 느끼며 자신을 소개하는 놀이이다. 참여자들은 자신의 생각, 고민, 관심사 등을 간단한 그림과 키워드로 드러내고, 서로의 그림과 키워드를 보고 질문과 응원의 글을 적으며 소통하고 공감할 수 있다. 직접적인 대화보다 댓글 문화에 익숙하고 자신을 드러내는 데에 소극적인 사춘기 청소년에게 선호도가 높다.

준비물: 필기도구, 8절지(참여자 수만큼)

놀이 Tip과 유의 사항

- 처음에 자신의 외형과 키워드를 적을 때 이름은 적지 않는다.
- 참여자에게 궁금한 점이나 해주고 싶은 말을 적을 때 비난이나 장난의 글은 쓰지 않는다.
- 외형을 그릴 때 자신이 잘 드러나는 그림을 그린다(예: 시계→ 바쁘게 사는 자신을 표현 등).

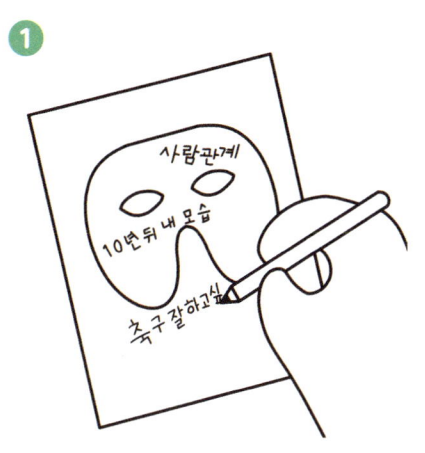

- 8절지에 자신을 나타내는 외형을 그린다. 외형 안팎에 요즘 떠올리는 생각, 고민, 관심사 등을 3가지 키워드로 적는다.

- 공간을 돌아다니며 다른 참여자들이 그린 외형이나 키워드를 보고 떠오르는 질문이나 공감의 글을 적는다.

- 시간이 지나면 자기 자리에 돌아와 외형과 키워드, 다른 참여자들이 적어준 말들을 바탕으로 자기를 소개한다.

- 자기소개 하는 참여자에게 추가로 궁금한 점을 묻거나 해주고 싶은 말을 전한다.

참여자 소감

"제가 어떤 사람인지 다시 한번 생각해볼 수 있었고, 다른 사람들의 생각과 고민에도 관심 가지게 되었어요."

"다른 친구들이 제 생각과 고민에 관심을 보이고 질문해주니 고마웠어요."

소요 시간: 20~25분

69 우리 행성에서는

활동 영상 QR

유아 ★★★ | 초등(저) ★★★★★ | 초등(고) ★★★★ | 청소년 ★★★★

물건을 본래 용도와는 다르게 사용하는 방법을 상상하여 소개하는 놀이

일상적인 물건을 다른 시각으로 새롭게 해석하여 표현하는 놀이이다. 특정 물건을 본래 쓰임새와는 어떻게 다른 방법으로 사용할 수 있을지 상상함으로써 관찰력과 발상의 전환 능력을 키울 수 있다. 참여자들은 외계인이 되어 물건을 특이하게 표현하는 극적 상황에 몰입하는데, 뻔뻔하게 자신의 상상을 표현하며 무척 즐거워한다.

준비물: 다양한 물건 여러 개

놀이 Tip과 유의 사항

- 물건을 선택할 때 다른 참여자가 사용한 물건을 다시 사용할 수 있지만, 자기가 가져온 물건은 선택할 수 없다.
- 변형한 물건과 관련한 이야기를 창작하여 용도와 함께 말하면 더 즐겁게 놀이할 수 있다.
- 인원이 많아 혼잡할 경우 물건을 하나씩 옆 사람에게 전달하고, 옆 사람에게 받은 물건을 소개하는 방식으로 진행할 수도 있다.

▶ 원 대형으로 의자에 앉는다. 모든 참여자는 각자 마음에 드는 물건을 하나씩 가져와 원 안에 내려놓는다.

▶ 참여자들은 원 안에 있는 물건 중 자신이 가져온 물건 외에 하나를 선택하여 자세히 관찰한다.

▶ 참여자는 해당 물건을 원래 쓰임과는 다른, 새로운 물건으로 변형하여 사용하는 모습을 상상한다.

▶ 발표 순서를 정한 후 1명씩 외계인이 되어 자신이 변형한 물건의 용도를 소개한다.

참여자 소감

"물건 하나하나가 새로운 용도로 변하는 것이 신기했고 평범한 물건이 갑자기 특별해지는 것 같았어요."
"저도 그렇고 친구들이 외계인처럼 말하고 행동하는 게 너무 웃겼어요!"
"친구들의 상상력을 보며 '어떻게 저렇게 생각할 수 있지?'라는 생각이 들었어요."

소요 시간: 15~20분

70 조각상 전시회

활동 영상 QR

유아 ★★★★ | 초등(저) ★★★★★ | 초등(고) ★★★★ | 청소년 ★★★★

조각가가 되어 다른 사람의 신체를 조각상으로 표현하고 함께 감상하는 놀이

대표적인 연극 관습인 타블로로 짝의 몸을 조작하여 주제를 표현하는 놀이이다. 참여자들은 역할 교체를 통해 조각가와 조각상의 관점 모두를 경험하며, 예술적 감각과 공감 능력을 키운다. 각 조각상은 고유한 이야기를 담고 있어서, 다른 참여자들과 소통하며 서로의 해석과 감정을 공유하고 발전시킬 수 있다.

놀이 Tip과 유의 사항

- 서로 역할을 바꾸어 조각가와 조각상의 역할을 모두 경험할 수 있도록 하는 것이 좋다.
- 불필요한 접촉을 피하고자 동성끼리 모둠을 만들어서 진행하는 것이 좋다.
- 리더는 참여자들에게 다양한 주제를 제시한다(예: 좋아하는 운동, 내 미래의 모습, 내가 싫어하는 친구의 모습, 가장 행복한 순간, '바다' 하면 떠오르는 것 등).

- 2명이 짝이 되어 A는 조각가, B는 조각상이 된다.

- 리더는 참여자들에게 주제를 제시한다. A는 주제와 관련된 이미지를 떠올린 후, B의 몸을 조작하여 조각상으로 표현한다.

- 제한된 시간이 지나면 B는 A가 조각한 상태 그대로 정지한다.

- 조각가들은 공간을 돌아다니며 다양한 조각상을 관찰하고, 각자 만든 조각상의 이름과 의미를 소개한다.

참여자 소감

"친구의 손길에 따라 다양한 포즈를 취하는 것이 신선했고, 친구가 제 몸으로 뭘 표현하고 싶은 건지 추측하는 게 재미있었어요."

"여러 조각상을 살펴보며 이야기 나누다 보니 같은 주제인데도 다양한 생각을 들을 수 있어서 좋았어요."

소요 시간: 20~25분

71 종이로 표현하는 나

활동 영상 QR

유아 ★★ | 초등(저) ★★★★★ | 초등(고) ★★★★ | 청소년 ★★★★

ⓒ연극하는 선생님

종이를 찢거나 구기거나 접어서 나를 표현하고 이를 소개하는 놀이

종이를 활용하여 시각적인 방법으로만 자신을 표현하는 놀이이다. 종이 작품을 만들며 자신의 생각과 감정을 간접적으로 나타낼 수 있다. 이렇게 만들어진 종이 작품을 소개하면 참여자들이 비교적 부담을 덜 느껴 자기소개 대체 활동으로도 활용하기 좋다.

준비물: 종이(참여자 수만큼)

놀이 Tip과 유의 사항

- 종이에 색칠하거나 그림을 그리는 대신, 오직 종이를 찢거나 구겨서 작품을 만든다.
- 종이는 신문지 또는 화선지처럼 잘 찢어지고 구겨지는 것이 좋지만, 구하기 어렵다면 A4 용지, 도화지로 대체할 수 있다.
- 작품이 완성되면 각자 작품에 제목을 붙여 원하는 공간에 전시한 후 다 함께 감상하는 시간을 가져도 좋다.

1
- 원 대형으로 앉아 나를 표현할 수 있는 다양한 단어를 생각한다.

2
- 리더는 참여자들에게 종이를 1장씩 준다.

3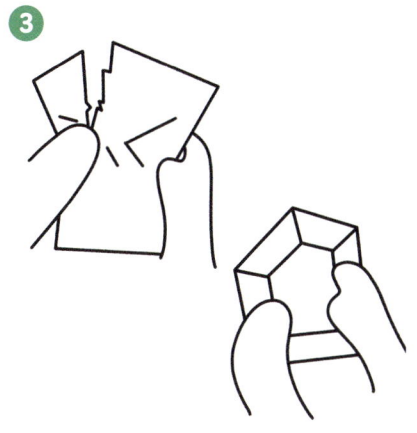
- 종이를 다양하게 찢거나, 구기거나 접어서 나를 표현할 수 있는 단어를 작품으로 표현한다.

4
- 발표할 순서를 정한 후 1명씩 돌아가면서 자신이 만든 작품을 소개한다.

참여자 소감

"종이를 찢고 접으며 나를 표현하는 과정에서 말이 아닌 다른 방식으로 다른 사람들과 소통하는 즐거움을 느낄 수 있었어요."

"물음표 모양의 종이로 '궁금한 사람'을 표현했는데, 친구들이 의미를 알아맞혀서 좋았어요."

소요 시간: 10~15분

72 즐겁게 춤을 추다가

도움자료 QR

활동 영상 QR

유아 ★★★★★ | 초등(저) ★★★★★ | 초등(고) ★★ | 청소년 ★★

춤을 추다가 제시어에 맞춰 신체 표현을 하는 놀이

익숙한 동요에, 대표적인 연극 관습인 타블로와 '생각 따라잡기(인물의 생각이나 속마음을 표현하여 인물 내면을 깊이 탐구하는 연극 기법을 뜻함)'를 결합한 놀이이다. 참여자들은 리듬에 맞춰 함께 춤을 추며 자유로운 동적 움직임을 표현하고, 리더의 지시에 따라 다양한 정지 동작을 만들며 창의성과 순발력을 키운다. 특히 노래와 춤을 활용한 놀이이기에 즐거움과 몰입도가 높고, 스트레스를 해소하는 효과도 있다.

놀이 Tip과 유의 사항

- 빈칸에 들어갈 단어는 동물, 식물, 사물, 직업, 운동, 건축물 등과 관련하여 다양하게 제시한다(예: 캥거루, 상어, 야자수, 세탁기, 디자이너, 소방관, 축구, 농구, 에펠탑, 자유의 여신상 등).
- '대사 한마디'를 할 때 입을 이용하여 소리를 낼 수도 있고 구체적인 말로 표현할 수도 있다(예: 세탁기를 표현했다면 세탁기 돌아가는 소리를 "윙윙윙" 내거나 "빨래가 다 됐습니다."라고 말한다).

❶
▸ 원 대형으로 서서 다 함께 "즐겁게 춤을 추다가 그대로 멈춰라." 노래를 부르며 몸을 움직인다.

❷
▸ 리더가 "즐겁게 춤을 추다가 ○○○ 멈춰라!"라고 말한다. 빈칸에는 몸으로 표현할 수 있는 단어 (예: 모델, 개구리, 새싹 등)를 넣는다.

❸
▸ 모든 참여자는 리더가 제시하는 단어에 어울리는 정지 동작을 만들고 멈춘다.

❹
▸ 리더가 정지 상태인 사람에게 '땡!'이라고 말하면 그 사람은 자기가 만든 몸짓과 어울리는 대사 한 마디를 한다.

참여자 소감

"내 몸을 자유롭게 움직일 수 있어서 신났고, '땡'이라고 말하면 대사를 말해야 했는데, 이게 정말 재미있었어요."

"친구들이 동작에 어울리는 기발한 대사를 할 때 다 같이 웃었어요."

◷ 소요 시간: 20~25분

73 택배 왔어요

활동 영상 QR

유아 ★★★ | 초등(저) ★★★★★ | 초등(고) ★★★ | 청소년 ★★★

상자 속 물건을 상상하여 표현하고 이를 맞히는 놀이

마임과 상상력을 활용하여 상자 속 물건을 창의적으로 표현하는 놀이이다. 참여자들은 일상생활에서 자주 접하는 택배라는 소재를 활용하여 신체 표현력을 키우는 동시에, 다른 사람들의 표현을 관찰하고 이해하는 능력 또한 키울 수 있다. 생일 같은 기념일을 앞두고 원하는 선물을 상상하며 즐거운 시간을 보낼 때도 좋은 놀이이다.

놀이 Tip과 유의 사항

- 놀이 시작 전, 택배로 받고 싶은 물건이나 보내고 싶은 물건에 대해 이야기 나누면 참여자들이 다양한 표현을 할 수 있다.
- 마임으로 옆 사람에게 택배 상자를 전달할 때 택배 상자의 크기를 표현하면, 받는 사람이 상자의 크기를 고려하여 그 안의 물건을 상상하는 재미가 있다.
- 마임으로 표현하는 것이 익숙해지면 간단한 대사나 소리를 더해서 표현한다.

❶

▸ 원 대형으로 앉아서 처음 시작할 참여자를 정하고 오른쪽 참여자에게 "띵동~택배 왔어요!"라고 말하며 마음으로 택배 상자를 전달한다.

❷

▸ 택배 상자를 받은 참여자는 마음으로 택배 상자를 뜯고 안에 들어 있을 만한 물건을 상상한다.

❸

▸ 물건을 정했다면, 사용하는 모습을 마음으로 표현한다.

❹

▸ 발표자의 표현을 본 참여자들은 어떤 물건을 표현한 것인지 알아맞힌다.

참여자 소감

"택배 상자를 뜯는 순간, 정말 제가 원하던 선물이 있다는 상상에 즐거웠어요!"
"친구들의 마음을 보고 어떤 물건인지 알아맞혀서 짜릿했어요."

⏱ 소요 시간: 20~25분

74 토이 스토리

활동 영상 QR

유아 ★★★★ | 초등(저) ★★★★★ | 초등(고) ★★★ | 청소년 ★★★

내가 마치 어떤 물건이 된 것처럼 상상하여 자기 소개하는 놀이

주변의 일상적인 물건에 생명을 불어넣어, 그 물건의 생각과 감정을 표현하는 놀이이다. 참여자들은 물건이 생명을 얻어 사람처럼 행동한다는 상황 설정에 흥미로워하고, 자신이 마치 물건인 것처럼 말하는 활동에 몰입한다. 이 과정에서 주변 물건들을 자세히 관찰하며 새롭게 인식하는 경험을 할 수 있다.

준비물: 물건(참여자 수만큼)

놀이 Tip과 유의 사항

- 물건을 '나'로 생각하고 자기 이야기를 하듯 일인칭 시점으로 자신을 소개한다.
- 각자 선택한 물건의 특징과 장단점에 대해 생각할 수 있도록 충분한 시간을 준다.
- 물건이 가진 특징을 최대한 살려서 소개한다(예: '필통'을 움직인다면 필통에 달린 지퍼를 입처럼 여닫으며 "난 아주 큰 입이 가졌어, 무엇이든 이 안에 넣을 수 있지!"라고 말한다).

- 참여자는 주변의 물건 중 마음에 드는 물건 하나를 고른다.

- 자신이 선택한 물건의 장점, 단점, 뿌듯함, 애환 등을 생각한다.

- 참여자들은 1명씩 돌아가며 앞서 선택한 물건에 생명을 불어넣고, 인형극 하듯이 물건을 움직이며 자기 소개를 한다.

- 자기 소개를 들은 참여자들은 그 물건에 궁금한 점을 묻는다.

참여자 소감

"제가 선택한 물건의 속마음을 상상하는 경험이 신선했고, 평소에 그냥 지나쳤던 물건들에 대해 다시 생각해볼 수 있어서 좋았어요."

"자기 소개 하는 것은 부끄러운데 이 놀이는 평소 사용하는 물건의 특징을 살려 소개하는 거라 덜 쑥스러웠어요."

⏰ 소요 시간: 10~15분

75 톤으로 말해요

활동 영상 QR

유아 ★★ | 초등(저) ★★★★ | 초등(고) ★★★★ | 청소년 ★★★★

ⓒ 연극하는 선생님

특정 단어를 사용하는 여러 가지 상황을 상상하여 표현하는 놀이

비언어적 의사소통인 억양의 변화에 중점을 둔 놀이이다. 참여자들은 다양한 상황 속 감정을 표정과 목소리로 표현하여, 억양의 다양성을 이해하고 활용하는 능력을 기를 수 있다. 무궁무진한 억양 속에서 창의성을 발휘한 색다른 표현을 시도하거나, 다른 참여자의 표현을 보며 어떤 상황인지 알아맞히는 것이 이 놀이의 재미 요소이다.

놀이 Tip과 유의 사항

- 단어를 말할 때 표정과 몸짓을 적극적으로 활용하여 더욱 생동감 넘치게 표현한다.
- 색다른 예시가 떠오르지 않는다면 앞 사람의 표현을 그대로 따라 할 수도 있다.
- 참여자가 많을 경우, 새로운 아이디어를 떠올린 시원사가 순차적으로 발표하며 진행될 수 있다.

❶
▸ 원 대형으로 앉는다. '아'를 어떤 톤으로 표현할지 생각한 후 발표할 순서를 정한다.

❷
▸ 1명씩 돌아가며 '아'를 다양한 톤으로 표현한다.

❸
▸ 다른 참여자는 발표자의 표현을 보며 어떤 상황에서 '아'라는 말을 하는지 알아맞힌다.

❹
▸ '아'와 같은 공통의 단어(예: 제발, 안돼, 야, 응 등)를 변경하며 놀이를 반복한다.

참여자 소감

"같은 단어라도 톤에 따라 다른 느낌을 줄 수 있다는 것을 알게 되었어요."
"다른 사람의 표현을 보며 그 사람의 감정을 이해할 수 있었고, 앞으로 사람들과 소통할 때 도움이 될 것 같아요."

PART 4
역할

'역할' 연극놀이는 참여자가 다양한 역할을 수행하며, 타인과의 상호작용을 경험하는 활동입니다. 참여자는 다른 사람의 입장이 되어 자신과 다른 사람을 더 잘 이해할 수 있고, 다양한 역할을 맡아 새로운 행동 방식을 시도하며 삶과 연계한 문제 해결 능력을 키울 수 있습니다. '역할' 연극놀이는 자기 표현력과 공감 능력과 같은 사회적 인식, 그리고 대인 관계 기술을 기르는 데에 효과적입니다.

소요 시간: 10~15분

76 ○○○으로 가자!

활동 영상 QR

유아 ★★★★★ | 초등(저) ★★★★★ | 초등(고) ★★★ | 청소년 ★★★

제시된 장소에 있을 만한 사람, 사물, 자연물이 되어 표현하는 놀이

상상력과 표현력을 발휘해 다양한 역할을 언어와 움직임으로 표현하여 연극적 장소를 만드는 놀이이다. 참여자들은 장소에 어울리는 다채로운 표현을 하며 공간 지각 능력과 상황 적응력을 키울 수 있다. 또한 다른 사람의 창의적인 표현을 보고 그에 즉흥적으로 반응하는 상호작용을 통해 집단의 유대감이 높아진다.

놀이 Tip과 유의 사항

- 놀이를 하기 전에, 여행 가고 싶은 곳, 가장 기억에 남은 장소 등 다양한 장소에 관해 이야기 나누면 놀이 진행이 원활하다.
- 참여자 나이에 따라 다양한 장소를 즉흥적으로 말하기 어려운 경우, 리더가 미리 칠판에 예시를 적어두면 좋다 (예: 놀이동산, 워터파크, 마트, 학교, 병원, 시장, 산 정상, 장례식장, 유치원, 동물원, 도서관 등).

①

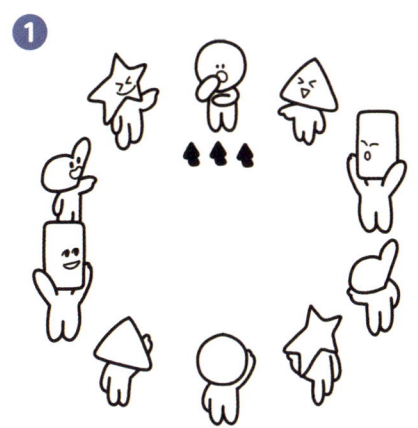

▸ 원 대형으로 선 후 1명의 술래를 정한다.

②

▸ 술래는 가고 싶은 장소(예: 놀이터, 공항, 결혼식장 등)를 정한 후 "우리 모두 ○○○로 가자!"라고 외친다.

③

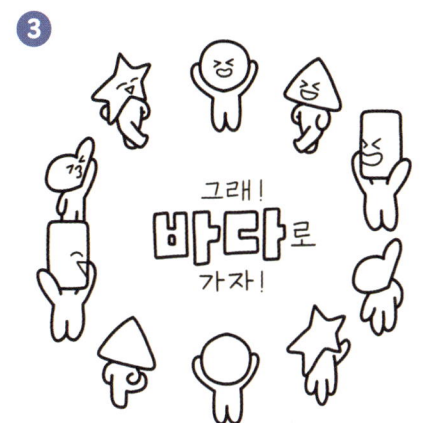

▸ 참여자들은 다 함께 술래가 말한 장소를 넣어 "그래! ○○○로 가자!"라고 외친다.

④

▸ 참여자들은 술래가 말한 장소에 있을 만한 사람, 사물, 자연물이 되어 몸짓과 소리로 주변 사람들과 상호작용한다.

참여자 소감

"제시된 장소에 따라 다양한 역할을 맡으며 상상력을 마음껏 펼칠 수 있었어요."
"특히 친구들이 표현한 것에 반응하면서 창의적인 표현이 더욱 풍부해지는 경험을 했어요."

⏱ 소요 시간: 30~35분

77 ○○이의 못다 쓴 일기

도움자료 QR

활동 영상 QR

유아 ★★★ | 초등(저) ★★★★★ | 초등(고) ★★★★ | 청소년 ★★★

완성되지 않은 일기를 보고 뒤에 이어질 일을 상상하여 연극으로 만드는 놀이

미완성의 서사를 창의적인 상상력으로 함께 완성하는 집단창작 놀이이다. 참여자들은 개연성 있는 서사를 구축하는 과정에서 문제 해결 능력과 공감 능력을 키울 수 있다. 또한 참여자들은 각자의 상상력을 발휘하여 이야기를 만들 때 즐거움을 느끼는데, 특히 모둠별로 다양한 뒷이야기가 만들어지는 점에 큰 재미를 느낀다.

놀이 Tip과 유의 사항

- 주인공이 처한 상황을 생각하여 인물이 겪었을 법한 이야기를 장면으로 만든다.
- 모둠별로 발표 순서를 정하여 순차적으로 발표를 마치고 소감을 나누는 것이 장면 발표를 원활하게 만든다.

①

▸ 4~5명이 한 모둠이 되어 모둠별로 앉는다.

②

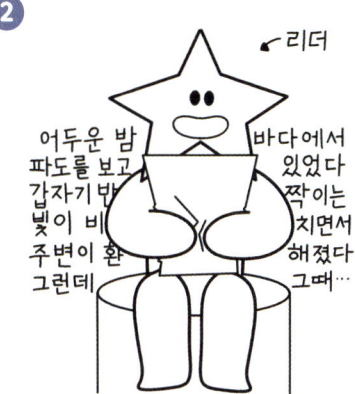

▸ 리더가 참여자들에게 미처 다 쓰지 못한 ○○이의 일기를 읽어준다.

③

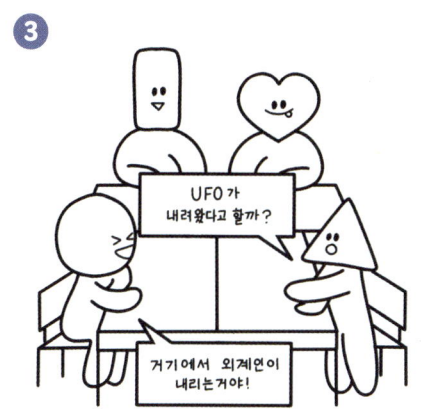

▸ 모둠원들은 ○○이의 일기 뒷부분 내용을 상상하여 짧은 장면으로 만든다.

④

▸ 모둠별로 돌아가며 짧은 장면으로 만든 일기의 뒷부분 내용을 발표한다.

참여자 소감

"연극을 통해 다음에 무슨 일이 벌어질지 상상하는 것이 마치 작가가 된 것 같은 경험이었어요."

"이야기를 만드는 과정에서 감정 이입도 되고, 서로의 연기를 보며 웃음이 끊이지 않았어요."

🕐 소요 시간: 30~35분

78 같은 그림, 다른 이야기

도움자료 QR

활동 영상 QR

유아 ★★ | 초등(저) ★★★★ | 초등(고) ★★★★★ | 청소년 ★★★

3장의 그림 순서를 배열하여 이야기를 만드는 놀이

정지 이미지를 다양하게 해석하며 창작의 가능성을 탐구하는 놀이이다. 참여자들은 3장의 그림을 보고 이야기를 만드는 과정에서 상상력과 창의성을 발휘한다. 모둠이 함께 극을 만들며 협력적인 사고와 소통 능력도 키울 수 있다. 또한 참여자들은 3장의 그림을 배열하는 순서에 따라 이야기 구성 및 전개 과정이 달라지는 점에 큰 재미와 만족감을 얻는다.

준비물: 3장의 그림 세트(모둠 수만큼)

놀이 Tip과 유의 사항

- 다양한 접속부사를 활용하여 이야기에 반전을 주면 더 흥미로운 이야기를 만들 수 있다(예: 하지만, 그럼에도, 안타깝게도, 불행하게도, 다행히도 등).
- 그림을 다 함께 보고, 이야기의 시작 문장과 끝 문장을 먼저 정한 후 놀이를 진행할 수도 있다.

1

- 4명이 한 모둠이 되어 모둠별로 앉는다. 리더는 각 모둠에 같은 그림 3장을 전달한다.

2

- 이야기를 만들기 위해 모둠원들과 상의하여 3장의 그림을 처음, 중간, 끝 순서로 배열한다.

3

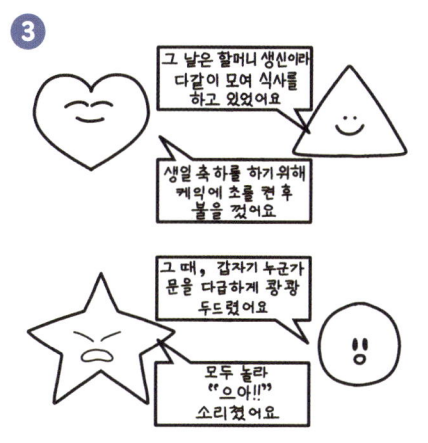

- 배열된 그림을 보며 한 편의 이야기가 완성될 때까지 1명씩 문장을 이어서 말한다.

4

- 3번에서 만든 이야기를 토대로 장면을 만들어 발표한다.

참여자 소감

"같은 그림을 갖고 모두 다른 이야기를 만드는 게 신기했어요."
"우리의 상상력으로 우리 모둠만의 독특한 이야기를 만들어낼 수 있어서 창의력이 정말 중요하다는 걸 느꼈어요."

소요 시간: 10~15분

79 내 말 좀 들어봐

상황과 인물 카드 QR

활동 영상 QR

유아 ★★ | 초등(저) ★★★★ | 초등(고) ★★★★ | 청소년 ★★★★

억울한 상황 속 의심하는 인물과 의심받는 인물을 즉흥적으로 표현하며 상호작용하는 놀이

즉흥극의 형식을 활용하여 감정 이입과 관점 전환에 중점을 둔 놀이이다. 참여자들은 상대방의 입장을 이해하고 자신의 감정을 표현할 수 있으며, 역할 교체를 통해 동일한 상황에 대한 다양한 해석과 반응을 경험할 수 있다. 이를 통해 창의적인 갈등 해결 방법을 모색하고 소통하는 능력 또한 키울 수 있다.

준비물: 상황과 인물 카드

놀이 Tip과 유의 사항

- 리더는 참여자의 나이에 맞춰 참여자가 충분히 공감할 만한 상황과 인물을 제시한다.
- 리더가 즉흥극을 펼칠 상황을 구체적으로 설명하고 놀이를 시작해야 참여자들이 인물을 풍성하게 표현할 수 있다.

▸ 2명이 짝이 되어 서로 마주 보고 선다.

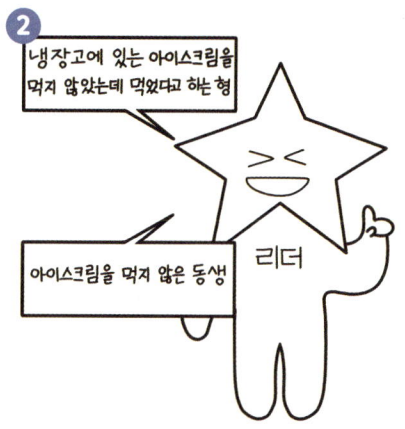

▸ 리더가 억울한 상황과 그 상황 속 인물들을 제시한다(예: 형이 아껴 놓은 아이스크림을 동생이 먹었다고 의심받는 상황 등).

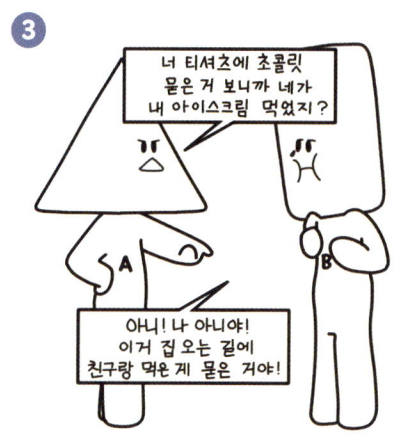

▸ 2명씩 짝을 이룬 참여자는 리더가 제시한 상황 속 A, B의 역할을 각각 맡아 즉흥극을 진행한다.

▸ A와 B의 역할을 바꾸어 한 번 더 진행한다.

참여자 소감

"상대방의 입장에서 문제를 바라보니, 제가 평소에 느끼지 못했던 다양한 감정과 상황을 이해할 수 있어 흥미로웠어요."

"역할을 바꿔 연기하다 보니, 상대방의 마음을 더 깊이 공감하게 되었고, 억울한 상황에 대해 표현하는 방법도 배울 수 있었어요."

⏰ 소요 시간: 15~20분

80 내가 꿈에서

활동 영상 QR

| 유아 ★★★★★ | 초등(저) ★★★★★ | 초등(고) ★★★ | 청소년 ★★ |

꿈을 문장으로 정리하고 즉흥적인 몸동작으로 표현하는 놀이

꿈이라는 개인의 내적 심리를 탐구하는 동시에, 즉흥적 표현으로 창의력과 연기력을 발휘하는 놀이이다. 참여자가 자신의 꿈을 문장으로 공유하면, 사람들이 그 문장을 즉흥 연기로 표현하기 때문에, 참여자는 마치 자신의 꿈이 눈앞에서 펼쳐지는 듯한 색다른 연극적 경험을 한다.

놀이 Tip과 유의 사항

- 기억에 남는 꿈, 재미있었던 꿈, 무서웠던 꿈 등 다양한 꿈에 관해 먼저 이야기 나누면 좋다(예: "내가 꿈에서 유명한 아이돌이 돼서 신나게 춤을 췄어!", "내가 꿈에서 길을 가다가 반짝거리는 것이 있어서 다가가 보니 금덩이였어. 그래서 잠깐 고민하다 얼른 주웠어." 등).
- 참여자들의 즉흥 표현이 충분히 진행되고 나면, 새로운 사람이 "내가 꿈에서!"를 말해야 한다.
- 참여자가 많을 경우, 리더가 참여자들이 꿈 문장을 말하는 순서를 정할 수도 있다.

▶ 자신이 꿈꿨던 경험을 떠올리고 자기의 꿈 내용을 한 문장으로 정리한다.

▶ 공간을 돌아다니다가 리더가 한 사람을 지목하면 그 사람은 "내가 꿈에서!"라고 외치며 앞서 정리한 문장을 말한다.

▶ 모든 참여자는 문장에 어울리는 인물과 행동, 장소 등을 생각하며 즉흥적인 동작과 말을 한다.

▶ 모두의 즉흥 표현이 끝나면 다른 참여자가 "내가 꿈에서!"라고 외치며 놀이를 이어간다.

참여자 소감

"친구들과 꿈을 공유하고 즉흥적으로 연기하면서 예상치 못한 재미가 있었어요."

"'내가 꿈에서'라는 말 한마디로 시작된 즉흥적인 표현들로 친구들과 마음으로 소통할 수 있었고, 함께한 친구들과 더 가까워진 것 같아요!"

"제가 꾼 꿈이 눈앞에서 생생하고 다양하게 표현되는 게 정말 재미있었어요."

소요 시간: 10~15분

81 너 지금 뭐하니?

활동 영상 QR

유아 ★★ | 초등(저) ★★★★★ | 초등(고) ★★★ | 청소년 ★★★

짝이 제시한 상황을 말과 몸짓으로 표현하는 놀이

상호작용과 즉흥성을 기반으로 하여 공간, 상황, 역할, 언어, 움직임 등을 연극적으로 탐구하는 놀이이다. 참여자 간의 역할 교환을 통해 서로의 생각을 이해하고 수용하는 과정에서 창의적 자기 표현 능력과 공감 능력이 자란다. 또한 즉흥적인 상황극으로 재미와 웃음을 만들어 긍정적인 놀이 분위기를 만드는 효과가 있다.

놀이 Tip과 유의 사항

- 참여자가 즉흥적으로 상황이 떠올리지 못하는 경우를 대비하여 리더는 칠판에 다양한 상황을 적어둔다(예: 신발끈 묶어, 물 마셔, 세수해, 밥 먹어, 춤춰, 노래해, 수영해, TV 봐, 책 읽어, 양치해, 게임해, 그림 그려, 피아노 쳐 등).
- 새로운 행동 상황을 떠올리기 힘든 경우, 앞서 짝이 말한 행동 상황을 반복해서 말해도 좋다.

❶
▸ 2명이 짝이 되어 A, B 순서를 정한다.

❷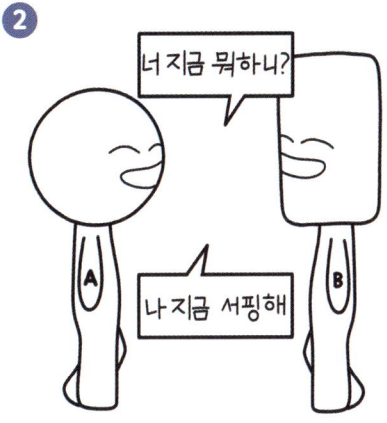
▸ 서로를 마주 보고 선 후 A가 "너 지금 뭐하니"라고 물으면 B는 "나 지금 ○○○해"라고 말한다.

❸
▸ A는 B가 말한 상황을 즉흥적인 몸짓과 대사로 표현한다.

❹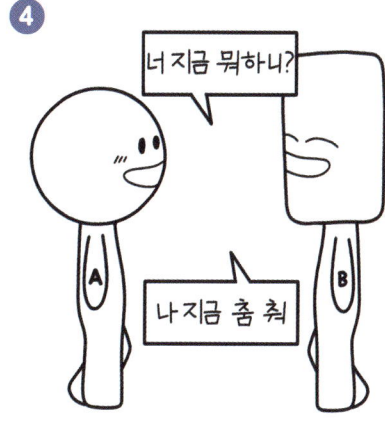
▸ A의 표현이 끝나면 B가 A에게 "너 지금 뭐하니?"라고 물으며 역할을 바꿔 2~3번의 과정을 반복한다.

참여자 소감

"마치 즉석에서 콩트를 하는 개그맨이 된 것 같아서 즐거웠어요!"
"처음에는 친구의 대답에 맞춰 즉흥적으로 동작과 표정을 바꾸는 것이 어려웠지만, 점점 더 자신감을 가지고 자유롭게 표현하게 되었어요!"

🕐 소요 시간: 10~15분

82 다양한 안녕하세요

도움자료 QR

활동 영상 QR

유아 ★★ | 초등(저) ★★★★ | 초등(고) ★★★ | 청소년 ★★★

ⓒ연극하는 선생님

리더가 제시한 상황에 적합한 인사말을 하며 다른 참여자와 자리를 바꾸는 놀이

상황에 맞는 적절한 몸짓과 언어 표현을 연극적으로 결합하여 사회적 상호작용 능력과 상황 적응력을 키워주는 놀이이다. 참여자들은 다양한 사회적 상황에 어울리는 인사를 즉흥적으로 표현하며 놀이의 유연성과 다양성을 경험한다. 또한 술래가 계속 바뀌며 활발히 진행되기 때문에 긴장감과 재미를 느낄 수 있다.

놀이 Tip과 유의 사항

- 참여자의 나이가 어린 경우, 마스킹 테이프로 자기 자리를 표시한 후 놀이를 진행하면 서로의 자리를 바꿀 때 어려움 없이 자리를 이동할 수 있다.
- 놀이가 익숙해지면 술래의 수를 늘려 더 많은 참여자의 상호작용을 볼 수 있다.

1

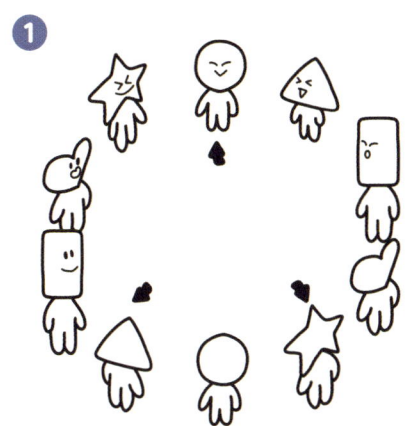

- 원 대형으로 선 후 3명의 술래를 정한다. 3명의 술래는 원 가운데로 나온다.

2

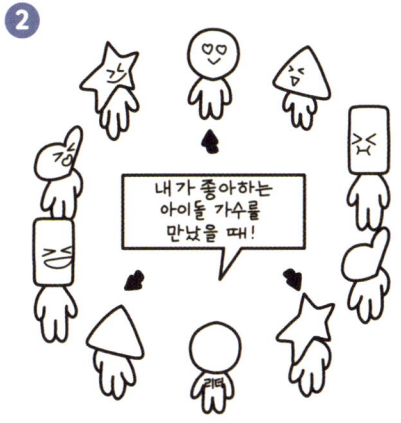

- 리더가 인사를 나누는 다양한 상황(예: '오랜만에 만난 반가운 친구 만났을 때', '내가 좋아하는 아이돌을 만났을 때' 등)을 제시한다.

3

- 3명의 술래는 리더가 제시한 상황 속 인물로서 다른 참여자에게 다가가 "안녕하세요?"라며 인사한 후 상황에 어울리는 말을 이어간다.

4

- 술래에게 인사를 받은 참여자도 "안녕하세요?"라고 인사한 후 상황과 어울리는 역할로서 대화를 나눈 후 서로의 자리를 바꾼다.

참여자 소감

"상황에 맞는 다양한 인사를 해보면서 상대방의 입장을 이해하고 감정을 표현하는 방법을 배울 수 있었어요."

"정해진 상황에 따라 다양한 인사말로 인사하며 자리 바꾸는 것이 재미있었어요."

🕐 소요 시간: 35~40분

83 뒤죽박죽 장면 만들기

활동 영상 QR

유아 ★ | 초등(저) ★★★ | 초등(고) ★★★★★ | 청소년 ★★★★★

육하원칙의 내용이 뒤죽박죽 섞인 이야기를 표현하는 놀이

육하원칙의 요소들을 무작위로 조합함으로써 창의적으로 장면을 구성하는 놀이이다. 각각의 무작위 요소를 연결하여 이야기를 만드는 공동 작업을 통해 협업 능력과 의사소통 능력을 강화할 수 있다. 또한 예측 불가능한 이야기와 장면은 웃음을 유발하는데, 이처럼 편안한 분위기에서 참여자들은 자연스럽게 자기를 표현한다.

준비물: 붙임 쪽지 여러 장, 필기도구

놀이 Tip과 유의 사항

- 바구니 또는 작은 상자를 여러 개 준비하여 붙임 쪽지를 범주별(누가, 언제, 어디서, 무엇을, 왜)로 담으면 효율적으로 붙임 쪽지를 나눠 가질 수 있다.
- 육하원칙 중 '어떻게'는 표현하는 인물의 행동을 크게 제한하기 때문에 범주에서 제외한다.
- 장면을 만들 때 간단한 소품(예: 색깔 천, 백업제, 의자 등)을 활용하면 좋다.

❶
- 5명이 한 모둠이 되어 5장의 붙임 쪽지에 '누가, 언제, 어디서, 무엇을, 왜'에 해당하는 말을 각각 적는다.

❷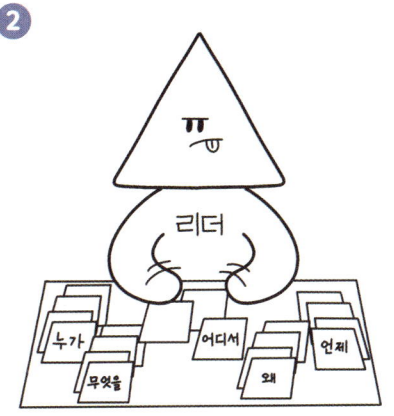
- 리더는 참여자들이 적은 종이를 범주별(누가, 언제, 어디서, 무엇을, 왜)로 모은 후 골고루 섞는다.

❸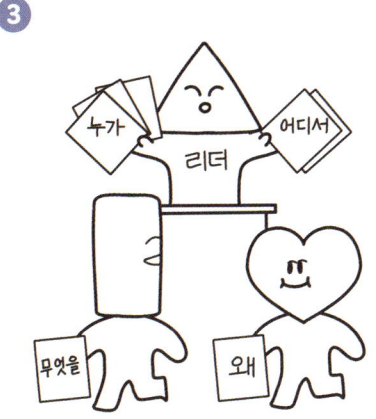
- 모둠별로 각각의 범주에 해당하는 붙임 쪽지를 1장씩, 총 5장의 붙임 쪽지를 가져간다.

❹
- 모둠원들과 5장의 붙임 쪽지에 적힌 내용을 토대로 하나의 장면을 새로 만들어 발표한다.

참여자 소감

"관련 없어 보이는 육하원칙들이 만들어낸 결과는 때때로 우스꽝스러워서 우리 모둠은 정말 많이 웃고 함께 즐거워했어요."

"공동 창작 과정에서 의견을 조율하고 합의점을 찾는 협동심도 자연스럽게 키울 수 있었어요."

⏰ 소요 시간: 15~20분

84 똑똑똑

다양한 노크 소리 QR

활동 영상 QR

유아 ★★★★★ | 초등(저) ★★★★★ | 초등(고) ★★★★ | 청소년 ★★★★

"똑똑똑"이라는 노크 소리에 어울리는 다양한 상황을 상상하는 놀이

다양한 노크 소리를 연극적으로 활용하여 상상력을 펼치는 창의적인 놀이이다. 참여자들은 노크 소리에서 떠오르는 즉흥적인 이야기를 정지 동작과 한 마디 대사로 표현하며 자신의 상상을 시청각 이미지로 구현할 수 있다. 반전의 재미와 동시에, 관객의 예상을 깨는 연극적 상황 전환 능력을 연습할 수도 있다.

준비물: 다양한 노크 소리

놀이 Tip과 유의 사항

- 리더가 다양한 노크 소리를 들려줄 때, 같은 소리를 듣고 상상하는 내용이 참여자마다 다르므로 하나의 노크 소리에 대한 여러 참여자의 생각을 들어보며 다양한 상상을 공유한다.
- 참여자가 정지 동작과 한 마디 대사를 표현했다면, 이어지는 내용을 1인 즉흥 표현으로 확장할 수도 있다.

①

- 원 대형으로 의자에 앉아 발표할 순서의 처음과 끝을 정한다.

②

- 리더가 다양한 속도와 크기의 노크 소리를 들려주면 참여자들은 소리 별로 노크하는 다양한 상황을 상상한다.

③

- 자기 차례인 참여자가 일어나면 리더가 특정 노크 소리를 낸다. 참여자는 그 소리에 어울리는 상황을 상상한다.

④

- 참여자는 자신이 상상한 상황을 정지 동작과 한 마디 대사로 표현한다.

참여자 소감

"처음에는 단순한 노크 소리로 어떻게 연극을 만들 수 있을지 의문이었지만, 실제로 해보니까 상황을 상상하고 표현하는 과정에서 많은 재미를 느꼈어요."

"친구들의 다양한 해석을 보며 새로운 영감이 떠올랐고, 그것들이 앞으로의 발표나 연기에 큰 도움이 될 것 같아요."

🕐 소요 시간: 20~25분

85 릴레이 장소 표현하기

도움자료 QR

활동 영상 QR

유아 ★★ | 초등(저) ★★★★★ | 초등(고) ★★★★★ | 청소년 ★★★★★

리더가 제시한 장소에 어울리는 조각상을 차례로 쌓아가며 표현하는 놀이

모둠 내 순서대로 특정 장소를 몸짓과 대사로 표현하여 연극적 상황을 구축하는 놀이이다. 앞선 참여자의 표현을 보고 해석한 후 자신의 표현을 추가하는데, 이 과정에서 무언의 의사소통과 협력을 경험할 수 있다. 이 외에도 다양한 장소에 대한 직관적인 이해력 및 상황 인식 능력, 창의적인 표현력을 키우는 효과가 있다.

놀이 Tip과 유의 사항

- 장소 카드를 본 후 모둠원들과 상의하지 않는 것이 관건이며 각자 카드에 적힌 장소를 어떻게 표현할지 생각한다.
- 장소를 표현할 때 그 장소에 있을 법한 사람을 표현해도 되고 몸짓을 이용하여 그 장소에 있는 사물, 동물, 식물을 표현할 수도 있다(예: 장소 카드가 '바다'일 경우 수영을 하는 사람이 될 수도 있고, 해양생물이 될 수도 있고, 비슷하게 야자수가 될 수도 있음).

❶

- 4명이 한 모둠이 되어 1번부터 4번까지 표현할 순서를 정한다.

❷

- 리더는 모둠에 1가지 장소 카드(예: 공항, 병원, 해변 등)를 보여준다. 이때 모둠원들은 그 장소를 어떻게 표현할지 서로 의논하지 않는다.

❸

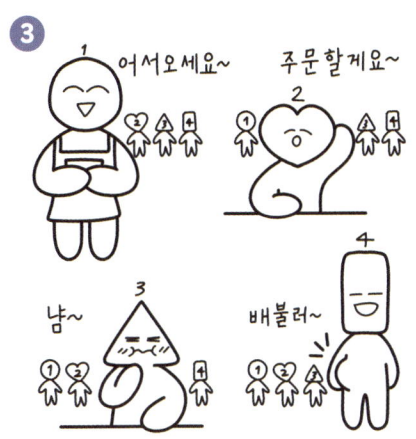

- 1번 참여자가 장소에 있을 만한 인물이 되어 몸짓과 대사를 한 후 멈춘다. 2번, 3번, 4번 참여자가 차례대로 나와 뒤이어 표현한다.

❹

- 4번 모둠원까지의 표현을 모두 본 참여자들은 그 모둠이 어떤 장소를 표현했는지 알아맞힌다.

참여자 소감

"장소의 분위기를 어떻게 표현할지 논의하지 않았는데도, 우리 모둠이 만들어낸 전체 그림이 조화로워서 놀랐어요."

"앞사람의 표현을 보고 그것을 고려하며 표현하는 과정에서 상상력과 창의력이 자라는 것 같아요."

🕐 소요 시간: 25~30분

86 명화 속 사람들

활동 영상 QR

유아 ★★ | 초등(저) ★★★★ | 초등(고) ★★★★★ | 청소년 ★★★★

ⓒ연극하는 선생님

명화를 보고 떠오르는 생각을 정지 동작과 한마디 대사로 표현하는 놀이

역사적, 문화적 가치가 있는 시각적 예술과 몸짓과 대사라는 연극적 표현을 결합한 놀이이다. 참여자들은 명화 속 인물의 심리와 상황을 분석하고, 창의적 상상력으로 명화 밖의 상황을 추론하면서 비판적 사고력과 창의력을 발달시킬 수 있다. 또한 서로의 연극적 표현을 공유하는 과정에서 명화에 대한 입체적 감상을 경험할 수 있다.

준비물: 다양한 명화 이미지

놀이 팁과 유의 사항

- 명화 대신에 잡지나 신문의 사진 등을 활용할 수도 있다.
- 리더는 다양한 명화를 제시한다(예: 김홍도의 〈서당〉, 뭉크의 〈절규〉, 밀레의 〈이삭 줍는 여인들〉, 반 고흐의 〈감자 먹는 사람들〉, 마네의 〈피리 부는 소년〉, 시냐크의 〈모자 만드는 여인들〉 등).

‣ 모둠별로 제시된 명화를 자세히 살펴보며 그림 속 사람의 행동, 말, 감정 등에 대해 생각한다.

‣ 그림의 바깥 부분에는 어떤 사람이 있을지 혹은 무슨 일들이 일어나고 있을지 상상한다.

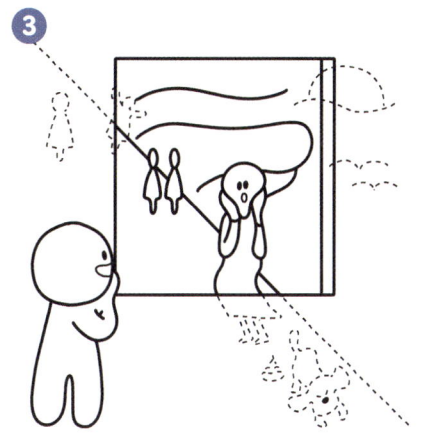

‣ 모둠원들과 상상한 부분을 포함하여 명화 속 사람들의 모습을 정지 동작으로 표현한다.

‣ 모둠 내 발표 순서를 정해 1명씩 돌아가며 역할과 상황에 어울리는 몸짓과 대사를 한다.

참여자 소감

"각자가 표현한 정지 동작과 대사로 인해 명화가 마치 살아 움직이는 듯한 느낌을 받았고, 연기하는 것에 흥미가 생겼어요."
"앞으로 미술 작품을 볼 때마다 그림 속 인물들의 이야기를 상상하는 재미가 생길 것 같아요."
"그림을 보고 상상할 때 모둠원들이 같은 그림을 보고도 다양하게 해석하는 것이 신기했어요."

소요 시간: 35~40분

87 백업재 팬터마임

활동 영상 QR

유아 ★★★ | 초등(저) ★★★★★ | 초등(고) ★★★★★ | 청소년 ★★★★

백업재와 신체 움직임을 활용하여 해설문에 어울리게 표현하는 놀이

상상을 자극하는 사물과 신체 언어를 활용한 창의적인 표현 놀이이다. 백업재를 다양한 형상으로 변형하여 이야기를 구성하고 전달하면서 참여자들은 유연한 사고와 재치 있는 연극적 표현을 경험할 수 있다. 특히 해설문을 따라 즉흥적으로 이루어지므로 표현에 대한 부담감을 낮추는 효과도 있다.

준비물: 지름 1cm 백업재(참여자 수만큼), 종이(모둠 수만큼)

놀이 팁과 유의 사항

- 놀이 시작 전 백업재의 다양한 특징에 대해 알아보는 시간을 가지면 좋다.
- 참여자들이 백업재로 무엇을 만들지 결정하기 어려워한다면, 리더가 주제(예: 동물, 과일, 나무, 배 등)를 제시하고 모둠원이 그 주제 안에서 백업재를 변형하여 표현할 수 있다.
- 백업재의 개수가 여유로울 경우, 참여자가 충분히 많은 백업재를 변형할 수 있도록 한다.

▸ 리더는 모든 참여자에게 지름 1cm 백업제를 1개씩 나눠준다. 참여자들은 백업제를 변형하여 표현할 수 있는 것을 상상하여 만든다.

▸ 4~5명이 한 모둠을 만든다. 1명씩 돌아가며 백업제를 변형한 표현(예: 구명조끼, 헤드셋, 바람 등)을 소개하면 다른 모둠원들이 따라 한다.

▸ 모둠원들이 제시한 여러 백업제를 소재로 간단한 이야기를 만든다.

▸ 모둠원 중 1명이 앞서 만든 이야기를 들려주면, 다른 모둠원들이 그 이야기의 내용을 백업제와 신체 움직임을 활용하여 표현한다.

참여자 소감

"백업제 하나로 다양한 물건과 상황을 표현하는 과정이 정말 재밌었어요."
"우리가 함께 만든 독특한 이야기를 백업제로 연기하니 상상력을 더 펼칠 수 있었어요."

소요 시간: 15~20분

88 보여주세요

제시어 카드 QR | 활동 영상 QR

유아 ★★★★★ | 초등(저) ★★★★★ | 초등(고) ★★★★★ | 청소년 ★★★★★

여럿이 각자 몸짓과 소리로 표현하는 제시어를 알아맞히는 놀이

비언어적 표현과 언어적 표현의 조화를 바탕으로 의사소통을 이끄는 창의적인 놀이이다. 제한된 시간 내에 즉흥적인 표현을 만들기 위해 창의적 사고력과 집중력을 발휘하고, 문제를 내고 맞히는 상호작용을 통해 추리력을 키울 수 있다. 같은 제시어를 각자 다른 몸짓과 소리로 표현한 것을 보고 공통점을 파악하여 제시어를 알아맞히는 점이 이 놀이의 큰 재미이다.

준비물: 제시어 카드

놀이 Tip과 유의 사항

- 제시어를 몸짓으로 어떻게 표현할지 생각할 시간은 2~3분으로 제한하여 즉흥적으로 다양한 표현이 나오도록 유도한다.
- 참여자 나이에 맞게 제시어의 수준을 조절하며 진행한다.
- 준비한 제시어를 표현하는 순서는 번갈아 진행한다(예: 1라운드: A팀 - B팀, 2라운드: B팀 - A팀).

1

▸ A, B 두 팀으로 나눈 후 마주 보고 선다. 모둠별로 제시어 카드(예: 이사, 방학, 여행 등) 1장을 선택한다.

2

▸ 제한된 시간 동안 각자 제시어를 어떤 몸짓과 소리로 표현할지 생각한다. 이때 모둠원끼리 의논하지 않는다.

3

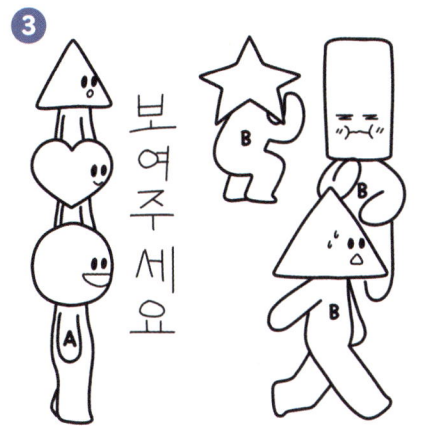

▸ A팀이 B팀에게 "보여주세요."라고 외치면 B팀은 각자 준비한 몸짓을 정지 동작으로 표현한다.

4

▸ A팀이 B팀에게 "말해주세요."라고 외치면 B팀은 준비한 소리, 대사를 몸짓과 함께 표현한다. A팀은 이를 통해 제시어를 알아맞힌다.

참여자 소감

"한정된 시간 안에 즉흥적으로 표현해야 해서 긴장했지만, 결국에는 표현력이 좋아지는 계기가 되었고, 소통하는 방법도 많이 배운 것 같아요."

"각기 다른 몸짓과 대사를 보고 그것의 공통점을 찾는 게 재미있었어요."

⏰ 소요 시간: 25~30분

89 사연의 주인공은?

활동 영상 QR

유아 ★ | 초등(저) ★★★★★ | 초등(고) ★★★★ | 청소년 ★★★★★

ⓒ연극하는 선생님

한 사람의 이야기를 넷이 나누어 발표하고 이야기의 주인공을 맞히는 놀이

개인의 경험을 공유하고 집단적 탐구를 통해 참여자 간의 이해와 공감을 높이는 놀이이다. 다른 사람의 이야기를 발표할 때, 마치 내가 그 이야기의 당사자인 것처럼 몰입하는 경험을 할 수 있다. 또한 이야기에 관해 질문하고 누구의 이야기인지 탐구할 때 다양한 생각과 감정이입 등이 발생하는데, 이 놀이의 재미와 효과를 극대화하는 중요한 요소이다.

놀이 Tip과 유의 사항

- 이야기 발표 후 질문에 답할 때 지목당한 사람은 마치 자신이 이야기의 주인공인 것처럼 일인칭 시점으로 실감 나게 질문에 답한다(예: 내 경험이 아니지만 "아, 그날 제가 본 것은 바로 새끼 고양이였어요."라고 말한다).
- 4명이 발표자 중 특정한 사람에게만 질문이 몰리지 않도록 제한한다.
- 참여자 나이에 따라 전체 이야기의 길이를 조절한다.

- 4명이 한 모둠이 되어 최근 자신이 경험한 일(예: 재밌는 일, 슬픈 일, 황당한 일 등)에 관해 1명씩 돌아가며 발표한다.

- 발표한 이야기 중 가장 흥미로운 것을 하나 정한다. 정한 이야기를 4개의 조각으로 나눈 후 각 이야기 조각의 발표자를 정한다.

- 발표 모둠은 이야기의 순서에 따라 발표한다. 이야기를 들은 참여자들은 발표자 중 한 사람을 지목하여 이야기 내용 중 궁금한 점을 묻는다.

- 충분한 질문과 답변이 오고 간 후, 참여자들은 이야기의 진짜 주인공을 알아맞힌다.

참여자 소감

"다른 사람의 이야기를 내 것처럼 발표하면서, 제 연기력이 많이 향상된 것 같아요."
"주인공을 숨기고 질문에 대답하는 과정에서 제가 진짜 그 이야기의 주인공이 된 듯한 감정을 느꼈어요!"

⏱ 소요 시간: 15~20분

90 상황을 바꿔라!

유아 ★★ | 초등(저) ★★★ | 초등(고) ★★★★ | 청소년 ★★★★

활동 영상 QR

릴레이로 연극 장면에 들어가서 상황을 바꾸는 놀이

새롭게 들어온 참여자가 제시하는 상황을 적극적으로 수용하고 반응함으로써 연극적 상황을 즐기는 놀이이다. 끊임없이 변화하는 장면과 역동적인 상호작용이 특징이며, 이 과정에서 참여자는 창의력과 순발력을 키울 수 있다. 특히 "잠깐!"이라고 외칠 수 있는 권한은 다음 순서인 사람의 긴장감을 꾸준히 유발하여 놀이의 재미를 더한다.

놀이 Tip과 유의 사항

- 놀이 전 다양한 장소에서 벌어질 수 있는 상황에 관해 이야기 나누면 참여자가 즉흥적으로 상황을 떠올리기 쉽다(예: 헬스장, 워터파크, 버스 정류장, 영화관, 미용실, 도서관, 화장실, 음식점, 학원, 비행기, 볼링장, 운동장, 야구장 등).
- 다른 사람이 제시하는 상황을 적극적으로 수용하는 것이 핵심이므로 제시된 상황을 부정하지 않는다.

①

- U자 대형으로 앉아 처음 시작할 참여자를 정한다. 1, 2번 참여자가 나와 2번이 1번에게 몸짓과 대사를 전하며 즉흥적으로 상황을 제시한다.

②

- 1번은 2번 참여자가 제시한 상황에 어울리는 몸짓과 대사를 하며 즉흥극을 이어간다.

③

- 3번이 "잠깐!"이라고 외치면 1번은 장면에서 빠져나온다. 3번은 2번에게 앞의 상황과는 다른 새로운 상황을 제시한다.

④

- 2번은 3번이 제시한 새로운 상황을 받아들여 즉흥극을 이어간다. 4번이 "잠깐!"이라고 외치면 앞선 과정이 반복된다.

참여자 소감

"이 연극 놀이는 정말 예측할 수 없는 재미가 있었어요."
"새로운 상황을 끊임없이 이어가며 대사와 행동으로 즉흥극을 만드는 게 놀라웠고, 즉흥극을 할 때도 웃음이 끊이지 않았어요!"
"처음에는 상황을 바꾸는 게 어려웠는데 놀이를 하면 할수록 다양하고 새로운 생각이 떠올랐어요."

⏱ 소요 시간: 20~25분

91 수상한 대화

활동 영상 QR

유아 ★★★★★ | 초등(저) ★★★★★ | 초등(고) ★★★★★ | 청소년 ★★★★

제시된 상황에 맞춰 '파까꿍짜리꿍'이라는 말만 사용하여 대화하는 놀이

제한된 언어적 수단을 사용하는 독특한 형식으로 비언어적 소통 기술을 창의성 넘치게 발휘하는 놀이이다. 특정 단어만으로 상호작용을 연출하면서 몸짓과 표정, 억양 등의 비언어 및 반언어적 요소들로 감정과 정보를 전달하는 능력을 키울 수 있다. 참여자들은 참신한 소통 방식을 끊임없이 탐구하는 재미를 몸소 느낀다.

놀이 Tip과 유의 사항

- 준언어적, 비언어적 표현을 최대한 활용하도록 한다(예: 목소리 크기, 빠르기, 억양, 말투, 시선, 표정, 몸짓 등).
- 상인 그룹은 몸짓을 적극적으로 활용해 물건을 설명한다.
- 물건을 설명할 때 공간에 있는 물건을 가리키는 등 힌트를 주면 안 된다.
- '파까꿍짜리꿍'이라는 말을 뚜렷한 의미 없는 다른 말로 대체해도 된다(예: 이러쿵저러쿵, 하우하우 등).

1

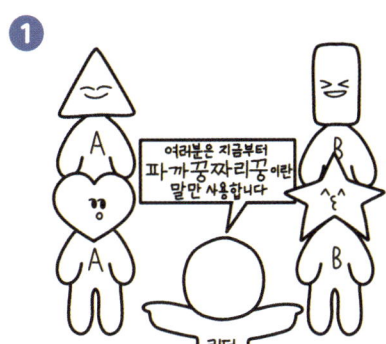

- 리더는 참여자들을 A팀(상인 그룹), B팀(고객 그룹)으로 나눈다. 참여자들은 "파까꿍짜리꿍"이라는 말만 사용할 수 있다.

2

- A팀은 한 줄로 서서 고객에게 팔 물건의 특징과 가격을 정하고 고객에게 그 물건을 어떻게 설명할지 생각한다.

3

- B팀은 정해진 시간 동안 상점을 돌아다니며 상인들에게 물건 설명을 듣고 원하는 물건을 2~3개 사 온다.

4

- 시간이 지나면 서로 사고판 물건에 관해 이야기를 나누고 어떤 표현이 인상 깊었는지 발표한다.

참여자 소감

"놀이를 하면서 눈빛과 손짓 하나로도 많은 것을 전달할 수 있다는 걸 배웠어요."
"말 외에도 상대방과의 교감을 위해 다양한 표현을 시도하며 소통 능력이 향상된 것 같아요!"

🕐 소요 시간: 15~20분

92 숫자로 말하기

상황과 역할 카드 QR

활동 영상 QR

유아 ★★ | 초등(저) ★★★★★ | 초등(고) ★★★★ | 청소년 ★★★★

제시된 상황에서 자신이 맡은 인물의 다양한 감정의 크기를 숫자로 말하며 표현하는 놀이

직접적으로 비교할 수 없는 감정의 크기를 '1부터 5까지'라는 표준화된 숫자에 대응하여 표현하는 놀이이다. 참여자들은 독창적인 방법으로 자신의 감정을 세밀하게 탐구하고 상대에게 전달할 수 있다. 특히 신체 언어와 억양을 중심으로 한 비언어적 의사소통에 큰 재미를 느끼며, 상대방의 감정을 이해하고 공감하는 능력을 키울 수 있다.

준비물: 상황과 역할 카드

놀이 Tip과 유의 사항

- 1부터 5까지의 숫자에서 1이 가장 낮은 강도, 5가 가장 높은 강도의 감정을 의미한다.
- 참여자 나이에 따라 리더는 다양한 상황과 A, B의 역할을 제시한다(예: 'A: 운동장에서 축구공에 머리를 맞은 사람, B: 공을 발로 찬 사람', 'A: 급식실에서 식판을 떨어뜨린 사람, B: 음식물이 옷에 묻은 사람' 등).

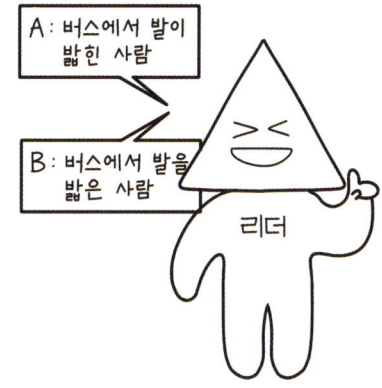

- 참여자들은 2명씩 짝이 되어 A와 B를 나누어 맡는다.

- 리더는 특정한 상황과 A, B가 그 상황에서 맡을 역할을 제시한다.

- 참여자는 각자 A, B의 역할로서 리더가 제시한 상황에서 자신이 맡은 인물이 어떤 몸짓과 대사를 할지 생각한다.

- 참여자는 숫자로만 대화할 수 있고, 감정의 강도에 따라 1부터 5까지 말할 수 있다.

참여자 소감

"숫자만으로 감정의 강도를 표현하는 건 쉽지 않았지만, 생각보다 다양한 감정의 강도가 전달되어 흥미로웠어요."

"친구들과 숫자로만 대화해야 하니 생각을 많이 하게 되었고, 제 감정을 더 섬세하게 이해하게 되었어요."

🕐 소요 시간: 15~20분

93 여기 ○○○이 있어요!

도움자료 QR

활동 영상 QR

| 유아 ★★★★★ | 초등(저) ★★★★★ | 초등(고) ★★★★★ | 청소년 ★★★★★ |

리더가 말한 제시어가 실재한다고 상상하며
그것과 상호작용하는 모습을 표현하는 놀이

상상력을 발휘하여 눈앞에 보이지 않는 객체와 상호작용을 탐구하는 놀이이다. 리더가 제안하는 제시어 사이의 모든 상호작용을 상상하고 표현함으로써 대상을 깊이 있게 이해할 수 있다. 참여자들은 다른 사람의 표현을 보며 무언가 공간 안에 실재한다는 느낌에 신기해하며 타인의 상상에 공감한다.

놀이 Tip과 유의 사항

- 리더는 참여자들이 제시어와 최대한 다양하게 상호작용하는 모습을 표현하도록 유도한다.
- 참여자들이 더 이상 새로운 표현을 떠올리지 못하면 리더는 "여기 ○○○이 있어요."라고 새로운 제시어를 제안한다.
- 리더는 제시어로 다양한 인물, 동물, 식물, 사물 등을 제시한다(예: 도둑, 꽃다발, 벤치, 버스, 비행기, 자전거 등).

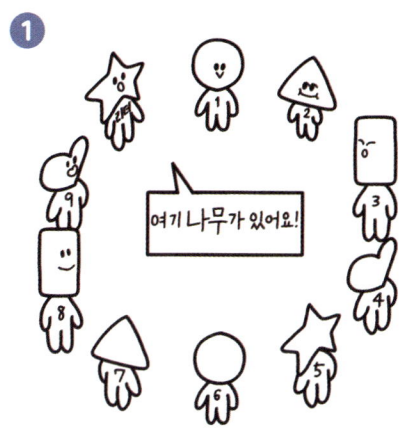

• 원 대형으로 서고 처음 시작할 참여자를 정한다. 리더가 제시어를 넣어 "여기 ○○○(예: 나무, 지갑 등)이 있어요!"라고 말한다.

• 1번 참여자가 원 가운데로 나와 ○○○과 상호작용하는 몸짓과 대사를 하고 제자리로 돌아간다.

• 이어서 2번 참여자가 원 가운데로 나와서 ○○○과 상호작용하는 적합한 몸짓과 대사를 하고 나간다.

• 2~3번 과정을 반복하다 전환이 필요한 시점에 리더가 "여기 XXX(예: 자동차, 빈 의자 등)가 있어요!"라고 외치며 새로운 제시어를 말한다.

참여자 소감

"각자가 다른 방식으로 가상의 대상에 반응하는 걸 보니 정말 재미있었어요."
"같은 대상이라도 사람마다 전혀 다른 접근을 한다는 게 놀라웠어요."
"실제로 존재하지 않지만 내가 어떻게 상상하고 표현하느냐에 따라 진짜 있는 것처럼 느껴진다는 걸 알게 되었어요!"

⏰ 소요 시간: 25~30분

94 우리 마을 사람들

활동 영상 QR

유아 ★★★★ | 초등(저) ★★★★★ | 초등(고) ★★ | 청소년 ★★

우리 마을 사람들의 특징을 말과 행동으로 표현하며 상호작용하는 놀이

일상에서 쉽게 접할 수 있는 직업군을 통해 역할 이해 및 사회적 상호작용을 경험하는 놀이이다. 참여자들은 직업의 특성을 말과 행동으로 표현하는 과정에서 자기표현 능력을 강화한다. 또한 사람들 사이의 상호의존성을 체험함으로써 사회 구성원으로서의 자각을 갖게 하고 공동체 의식을 고취하는 데 효과적이다.

준비물: 붙임 쪽지 여러 장

놀이 Tip과 유의 사항

- 다른 사람을 만나 상호작용할 때 자신이 맡은 직업인으로서, 일하는 작업장과 하는 일에 어울리는 말과 행동을 하며 상대방을 대한다(예: '간호사'라면 상대를 만났을 때 "자, 주사 놓을게요."라고 말하며 주사 놓는 동작을 함).
- 참여자들이 다양한 직업을 말하지 못하면 리더가 대신 여러 가지 직업을 제시한다.
- 일정 시간이 지나면 원 대형으로 앉아서 어떤 마을 사람들을 만났는지 이야기 나눈다.

▶ 리더는 참여자들과 우리 마을에서 볼 수 있는 다양한 직업(예: 교사, 의사, 경찰 등)으로 무엇이 있는지 이야기 나눈다.

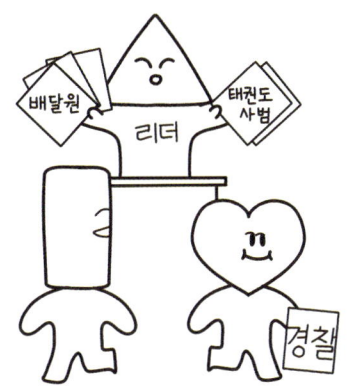

▶ 리더는 붙임 쪽지에 앞서 말한 직업명을 적어 참여자에게 1장씩 나눠준다.

▶ 참여자는 붙임 쪽지에 적힌 직업의 특징을 잘 드러나는 다양한 말과 행동을 생각한다.

▶ 참여자는 3번에서 생각한 것을 표현하는데, 해당 직업인으로서 공간을 돌아다니며 주위의 다른 직업인들과 상호작용한다.

참여자 소감

"다양한 마을 사람들의 직업을 체험하면서, 각 직업이 우리 사회에서 어떤 역할을 하는지 더 깊이 이해할 수 있었어요."

"실제로 그 직업에 종사하는 사람이 된 것처럼 몰입해서 연기하는 과정이 정말 즐거웠어요."

⏰ 소요 시간: 20~25분

95 인물의 24시간

도움자료 QR

활동 영상 QR

유아 ★★ | 초등(저) ★★★★ | 초등(고) ★★★★ | 청소년 ★★★★

함께 정한 어떤 인물의 특징을 바탕으로
리더가 제시하는 시각과 상황에 맞춰 표현하는 놀이

연극적 방식을 통해 참여자들이 한 인물을 탐구하고, 그 인물의 일상을 입체적으로 구성하는 놀이이다. 인물의 목소리, 외모, 성격과 습관 등을 상세히 상상하여 깊이 있는 캐릭터를 만드는 점에 중점을 둔다. 상상한 인물의 특징을 살려 특정 시각에 그 인물이 하고 있을 법한 행동을 표현함으로써 자아 표현력 및 감정 표현력을 키울 수 있다.

놀이 Tip과 유의 사항

- 인물에 관한 정보를 구체적으로 제공한다(예: '길을 걸을 때 보도블록 선을 따라 걷는다', '늘 흰색 옷만 입는다' 등).
- 놀이 시작 전 참여자들의 일상에 관해 묻거니 이제 특정 시간에 무엇을 했는지 시로 몸짓으로 표현해보면 함께 탐구한 인물의 모습을 표현할 때 도움이 된다.

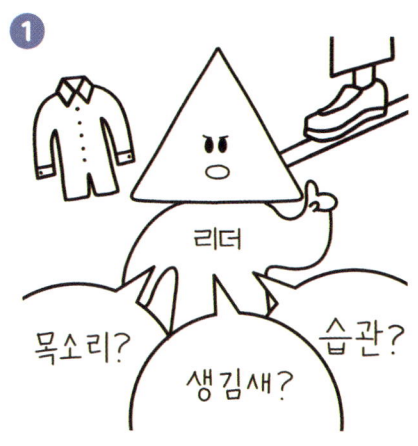
- 리더는 참여자들에게 특정한 인물의 정보를 제공한 후, 그 인물의 목소리, 외모, 습관 등에 대해 질문한다.

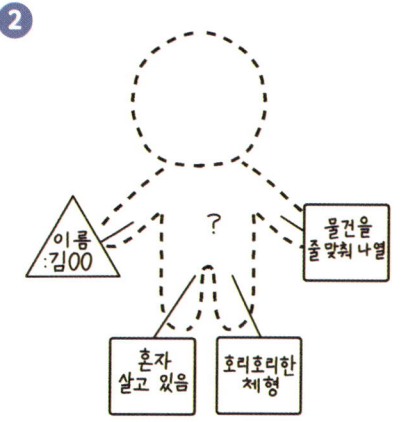
- 참여자들은 리더가 제공한 인물의 정보를 바탕으로 상상하여 답하고 다 함께 인물의 이름을 짓는다.

- 리더가 특정 시각을 제시하면, 참여자들은 인물이 그 시각에 무슨 행동을 할 것 같은지 상상한다.

- 참여자들은 각자 상상한 인물이 특정 시각에 할 법한 행동을 몸짓으로 표현한다.

참여자 소감

"이 놀이를 통해 다른 사람의 삶을 상상하는 것이 얼마나 흥미로운지 깨달았어요."
"제가 만든 인물의 하루를 상세하게 그려보면서, 그 인물에게서 조금씩 제 모습을 발견하는 것이 놀랍고 신선했어요."

소요 시간: 10~15분

96 일어나세요

활동 영상 QR

유아 ★★ | 초등(저) ★★★★★ | 초등(고) ★★★★★ | 청소년 ★★★★★

ⓒ연극하는 선생님

상대방이 의자에서 일어날 수밖에 없는 상황을 즉흥적으로 표현하는 놀이

즉흥적 창의력을 발휘하여 의자에 앉아 있는 사람이 일어나도록 다양한 상황을 만드는 놀이이다. 기발한 연극적 상황을 즉석에서 생성하고, 상대방의 제안에 적극적으로 반응하면서 상상력, 순발력, 상황적응력 등을 키울 수 있다. 참여자들은 억지스럽지 않고 합리적인 연극적 상황에 큰 호응을 보이며 개연성의 중요성을 몸소 느낀다.

준비물: 의자 1개

놀이 Tip과 유의 사항

- 놀이 전, 의자가 있을 만한 다양한 장소와 의자에서 일어날 만한 상황을 상상하며 이야기 나눈다(예: "머리 헹구러 이동하겠습니다(미용실)", "혹시 좌석 확인하셨나요? 이 자리는 A열 53번 제 좌석이에요(공연장)" 등).
- 의자에 앉은 사람을 일으킬 때는 일어날 수밖에 없는 타당한 이유 또는 상황을 제시해야 한다. 의자에 앉은 사람은 상대가 타당한 이유를 제시할 경우 적극적으로 수용하고 자리에서 일어난다.

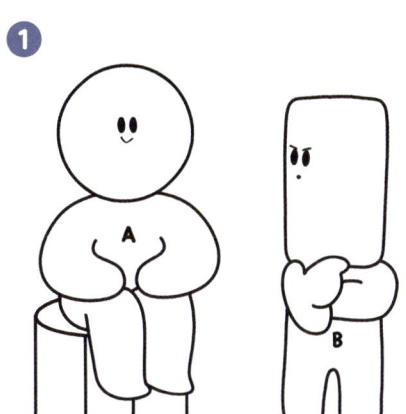
- 2명이 짝이 되어 A는 의자에 앉고, B는 A를 의자에서 일으킬 수 있는 상황을 생각한다.

- B는 A를 의자에서 일으킬 생각이 떠오르면 "도전!"이라고 외치고 즉흥적으로 상황을 말과 몸짓과 대사로 표현한다.

- A는 B가 제시한 상황이 타당하면 의자에서 일어나며 B는 빈 의자에 앉는다.

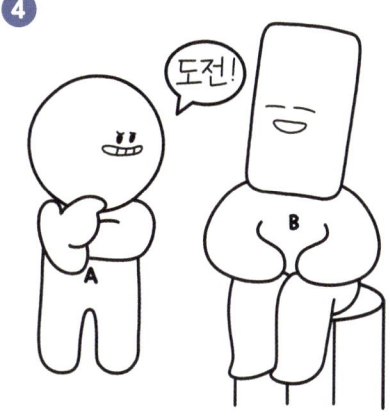
- 이번에는 A가 B를 의자에서 일으킬 상황을 생각하며 2~3번의 과정을 진행한다.

참여자 소감

"즉흥 연기를 통해 상대방을 의자에서 일으키려고 노력하면서, 제 상상력과 순발력이 얼마나 중요한지 깨달았어요."

"각자 다른 방식으로 문제를 해결하려는 시도가 흥미로웠어요."

소요 시간: 20~25분

97 장소 조각상

장소 카드 QR

활동 영상 QR

유아 ★★★★ | 초등(저) ★★★★★ | 초등(고) ★★★★ | 청소년 ★★★

장소 카드를 뽑아 그 장소를 정지 동작으로 표현하는 놀이

정지 동작을 활용한 놀이로, 신체로 장소를 표현하는 놀이이다. 참여자들은 무언의 동작과 상징으로 특정한 장소를 묘사함으로써 창의적인 표현력과 비언어적 의사소통 능력을 키울 수 있다. 또한 다른 참여자의 표현을 보고 그 의미를 추론하며 관찰력과 해석 능력도 자라게 된다.

준비물: 장소 카드

놀이 Tip과 유의 사항

- 놀이 전 다양한 장소를 알아보며 각 장소와 그곳에 모인 사람들의 특징 등을 이야기 나눈다.
- 장소 카드는 참여자가 가보았을 법한 장소들로 다양하게 제시하면 좋다(예: 도서관, 극장, PC방, 거실, 운동장, 반려견 카페, 동물원, 수영장, 식물원, 아쿠아리움, 산책길, 주차장, 쇼핑센터, 화장실 등).

▸ 4명이 한 모둠이 되어 모둠별로 장소 카드(예: 놀이공원, 산꼭대기, 사막 등)를 1장씩 뽑는다.

▸ 모둠원들과 장소 카드에 적혀 있는 장소를 어떤 정지 동작으로 표현할지 의논한다.

▸ 순서를 정한 후 모둠별로 돌아가며 발표한다.

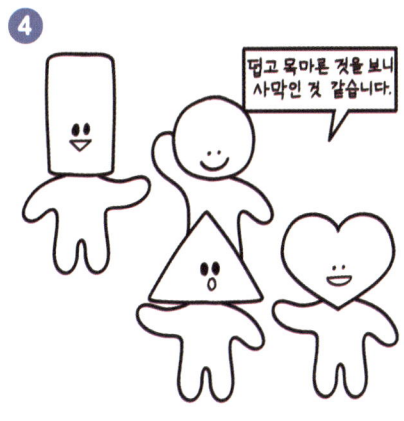

▸ 다른 모둠의 발표를 보고 어떤 장소를 표현한 것 같은지, 그렇게 생각한 이유도 함께 말한다.

참여자 소감

"정지 동작만으로 다양한 장소를 나타내야 한다는 점이 새롭고 재미있었어요."
"우리 모둠만의 창의적인 아이디어로 장소를 표현한 점이 재미있었고, 말 없이도 소통할 수 있다는 점에서 많은 것을 배웠어요."

🕐 소요 시간: 10~15분

98 조각상 이어달리기

활동 영상 QR

유아 ★★★ | 초등(저) ★★★★★ | 초등(고) ★★★★★ | 청소년 ★★★★★

ⓒ연극하는 선생님

앞사람의 신체 조각상을 보고 그것과 어울리는 새로운 신체 조각상을 만드는 놀이

상대방의 신체 조각상을 관찰하고 그와 어울리게끔 순차적으로 신체 조각상을 만들며 소통하는 놀이이다. 참여자들은 상대의 표현을 주관적으로 해석하여 상대에게 새로운 상황을 제시해야 하는데, 상대방의 표현이 새로운 상황에도 조화로워야 한다는 점이 이 놀이의 핵심이다. 이 과정에서 연속적으로 무언의 이야기를 만들게 되는데, 자신의 동작을 상대방이 완전히 새롭게 해석하여 예상하지 못한 이야기가 펼쳐질 때 큰 재미를 느낄 수 있다.

놀이 Tip과 유의 사항

- 특정 동작을 표현할 때 즉흥적으로 떠오르는 생각으로 조각상을 만든다.
- 처음에는 상대방의 조각상을 충분히 관찰할 시간을 주고, 놀이가 익숙해지면 그 시간을 줄여 속도감 있게 진행한다.
- 신체 조각상을 만들 때 한마디 대사를 덧붙일 수도 있다.

▸ 2명이 짝이 되어 A, B 순서를 정한다.

▸ A가 특정한 조각상으로 멈추면 B는 A의 조각상을 관찰한 후, 그와 조화로운 조각상을 만들어 정지한다.

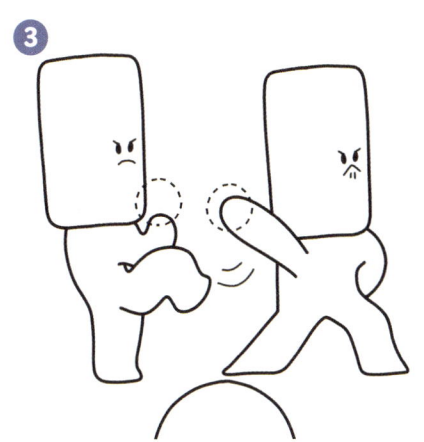

▸ A는 다시 B가 만든 조각상을 관찰한 후, 그와 조화로우면서도 새로운 상황의 조각상을 만들어 정지한다.

▸ 이 과정을 반복하며 조각상 만들기를 이어나간다.

참여자 소감

"조각상 이어달리기를 통해 친구의 포즈를 더 깊이 있게 관찰하고 이해하는 방법을 배웠어요."
"각자의 표현이 조화롭게 연결되는 과정에서 협동심과 창의성이 동시에 발달하는 것 같아 정말 즐거웠어요."

⏰ 소요 시간: 15~20분

99 진실 혹은 거짓

활동 영상 QR

유아 ★★★ | 초등(저) ★★★★ | 초등(고) ★★★★ | 청소년 ★★★

말과 몸짓으로 표현하는 두 이야기를 듣고 무엇이 진실인지 가리는 놀이

이야기의 내용과 비언어적 신호를 분석하여 진실과 거짓을 구분하는 놀이이다. 거짓된 이야기를 진실인 것처럼 말과 몸짓으로 꾸미면서 표현력을 높일 수 있으며, 거짓을 파악하는 과정에서 진실 여부에 따른 미묘한 차이를 구분할 수 있다. 서로의 이야기에 귀 기울이게 되고 웃음을 유발할 수 있어 어색함을 풀기에도 적합한 놀이이다.

놀이 Tip과 유의 사항

- 이야기를 전달할 때 비언어적 표현(예: 눈빛, 표정, 손동작 등)을 최대한 사용하도록 한다.
- 관찰자는 발표자의 표정, 눈빛, 말의 빠르기, 과장된 몸짓 등에 주목하며 진실을 말할 때와 거짓을 말할 때의 차이점을 느껴본다.
- 소극적인 참여자들이 많다면 한 명의 이야기를 여럿이 듣고 판별한다.

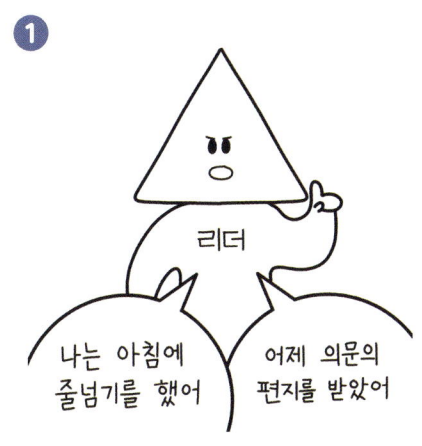

- 리더는 참여자들에게 2개의 이야기(진실과 거짓 각 1개씩)를 몸짓과 함께 들려준다. 참여자들은 둘 중에서 거짓인 이야기를 알아맞힌다.

- 모든 참여자는 진실인 이야기 하나, 거짓인 이야기 하나를 떠올린 후 어떤 몸짓을 섞어 말할지 생각한다.

- 2명이 짝이 되어 1명씩 돌아가며 상대방에게 두 가지 이야기를 몸짓과 함께 들려준다.

- 두 이야기를 모두 들은 상대방은 둘 중에서 거짓인 이야기가 무엇인지 알아맞힌다.

참여자 소감

"다른 사람의 말과 몸짓에서 진실을 읽어내는 방법을 알게 되어 정말 흥미로웠어요."
"상대방의 미묘한 표정과 몸짓에 더 주의를 기울이게 된 거 같아요."

⏱ 소요 시간: 35~40분

100 특종입니다!

활동지 QR

활동 영상 QR

유아 ★ | 초등(저) ★★★★★ | 초등(고) ★★★★ | 청소년 ★★★★

특종의 내용, 적절한 역할과 멘트로 짧은 뉴스를 만들어 발표하는 놀이

뉴스 보도 형태를 활용하여 뉴스 속의 다양한 역할을 분담하고, 상황에 맞는 언어와 움직임을 창안하여 연극의 한 형태를 탐구하는 놀이이다. 참여자들은 특종이라는 흥미로운 소재에 몰입하여 마음껏 상상을 펼친다. 특종 뉴스의 놀라움을 재현하는 발표 과정에서 긴장감과 웃음이 공존하는 재미를 얻을 수 있다.

준비물: 필기도구, 활동지(모둠 수만큼)

놀이 Tip과 유의 사항

- 놀이 전 특종의 의미(어떤 특정한 신문사나 잡지사에서만 얻은 중요한 기사)를 참여자와 나눈다.
- 참여자들이 특종거리를 떠올리지 못할 경우, 리더가 다양한 특종 주제를 나누어 준다.

▶ 5명이 한 모둠이 되어 특종의 내용을 정한다.

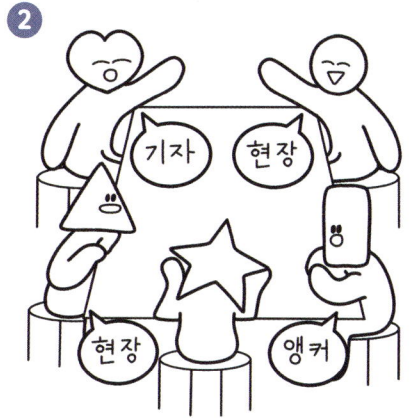

▶ 모둠원들과 특종 내용을 토대로 앵커, 기자, 현장에 있는 사람들 등 역할을 나누어 정한다.

▶ 앵커와 기자는 멘트를, 현장에 있는 사람들은 특종 내용과 어울리는 몸짓과 대사를 정하여 짧은 뉴스를 만든다.

▶ 발표할 순서를 정한 후 순서대로 돌아가며 특종 뉴스를 발표한다.

참여자 소감

"앵커와 기자 등 다양한 역할을 맡아보면서 소통의 중요성을 깨달았어요."
"역할에 맞춰 대사와 몸짓을 준비하고, 그것들이 하나의 뉴스로 완성될 때 성취감을 느꼈어요."
"특종이라는 주제로 연극을 만드니까 황당하고 재미있는 상황을 마음껏 상상하며 표현할 수 있어서 좋았어요."

참고자료

- 고미경, 배명훈, 김영식(2023). 「놀이 중심의 초등학교 체육수업에 대한 탐구」. 국제문화예술, 4(2), 19-33.

- 김은진, 안태용(2023). 「온라인상의 비대면 교실놀이 프로그램이 초등학교 고학년의 학급응집력에 미치는 영향」. 제21회 한국초등상담교육학회 연차학술대회, 375-388.

- 김주연(2018). 「연극성의 사회적 효용: 예브레이노프의 연극성 개념을 중심으로」. 한국노어문학회 학술대회 발표집, 10(0), 157-162.

- 김주연(2018). 「페르소나를 통한 연극성의 실현 - 예브레이노프과 아를레킨의 관계를 중심으로」. 연극교육연구, 33(0), 179-214.

- 김형기(2004). 「"연극성" 개념의 변형과 확장」. 한국연극학, 0(23), 269-295.

- 박미리(2018). 「연극적 몸의 자기인식 기여에 관한 고찰」. 연극예술치료연구, 9(0), 5-31.

- 유지훈, 이향근(2020). 「2015 개정 국어과 연극 단원에 대한 교사 인식 분석」. 새국어교육, -(124), 7-35.

- 이효원(2017). 『연극 치료 QnA』. 울력.

- Jennings, S.(2020). 『건강한 애착과 신경극놀이』(이효원·황대연 역). 울력(원본출판 2011년).

- Koste, V. G.(2011). 『놀이, 유년기의 예술』(최영애·박영훈 역). HS MEDIA(원본 출판 1978년).

연극 놀이 100
한 권에 쏙쏙 골라 담은 교육연극 놀이백과

1판 1쇄 발행 2025년 1월 31일

지은이	글 유지훈, 이광용, 이윤미 ㅣ 그림 문다정, 양지현
펴낸이	한기호
책임편집	송원빈
편집	서정원, 박예슬, 이선진
본부장	어문주
마케팅	윤병일, 하미영
경영지원	김윤아
디자인	북디자인 경놈
인쇄	예림인쇄
펴낸곳	(주)학교도서관저널
	출판등록 제2009-000231호(2009년 10월 15일)
	주소 04029 서울시 마포구 동교로 12안길 14(서교동) 삼성빌딩 A동 3층
	전화 02-322-9677
	팩스 02-6918-0818
	전자우편 slj9677@gmail.com
	홈페이지 slj.co.kr

ISBN 978-89-6915-176-6 03370
ⓒ 유지훈, 이광용, 이윤미, 문다정, 양지현 2025

· 이 책은 저작권법에 따라 보호를 받는 저작물이므로 무단 전재와 무단 복제를 금합니다.
· 책값은 뒤표지에 있습니다.